**생방송 한국사** 기출 문제

글 서예나 고종훈
감수 최인수

1판 1쇄 인쇄 2017년 3월 27일
1판 2쇄 발행 2020년 3월 13일

펴낸이 김영곤
키즈융합부문대표 이유남   키즈융합부문이사 신정숙
키즈사업본부장 김수경   에듀1팀 김지혜 윤수지   기획개발 탁수진 유하은
영업본부장 김창훈   영업1팀 임우섭 송지은   영업2팀 이경학 오다은
마케팅본부장 변유경   마케팅1팀 김정은 문윤정 구세희
표지·본문디자인 씨디자인_조정은 이수빈
본문편집디자인 02정보디자인연구소

펴낸곳 (주)북이십일 아울북
주소 (우 10881)경기도 파주시 회동길 201
연락처 031-955-2100 (대표) 031-955-2445 (내용문의) 031-955-2177 (팩스)
홈페이지 www.book21.com
〈생방송 한국사〉 오류 및 수정 내용은 네이버 '웃찾공' 카페 도서 관련 공지사항을 통해 확인하실 수 있습니다.

등록번호 2000년 5월 6일 제 406-2003-061호
이 책 내용의 일부 또는 전부를 재사용하시려면 반드시 (주)북이십일의 동의를 얻어야 합니다.
잘못 만들어진 책은 구입하신 서점에서 교환해 드립니다.

- 제조자명 : (주)북이십일
- 주소 및 전화번호 : 경기도 파주시 회동길 201(문발동) / 031-955-2100
- 제조연월 : 2020년 3월 13일
- 제조국명 : 대한민국
- 사용연령 : 8세 이상 어린이 제품

한국사능력검정시험부터 수능까지 한번에!

생방송 한국사

글 서예나 고종훈 그림 박종호

10 기출 문제

아울북

 ## 소개와 특징

〈생방송 한국사_기출 문제 편〉

선사 시대부터 현대까지 교과서를 기준으로 선정된 목차로 구성되어 있습니다. 역사 현장이라면 어디든지 떠나는 김역사 기자의 노트에 쉽게 정리된 '요점 정리'를 보고, 빈칸 채우기와 OX 퀴즈로 단원별 내용을 점검해요. 한국사능력검정시험 기출문제로 실전에 대비하고, 문제가 어려울 때는 한국사능력검정시험의 합격자 최다 배출자로 유명한 고종훈 선생님의 강의 팁을 보며 문제를 술술 풀 수 있어요. 그동안 저 김역사 기자가 취재한 역사 이야기들을 본 친구라면 이번 기출 문제 편으로 실력을 뽐내 보세요.

START! 요점 정리

핵심을 한눈에 정리!

실제로 공부하며 필기한 것처럼
딱딱하지 않게 핵심만 정리했어요.

저와 함께
역사 현장으로
고고씽?
어렵지 않아요~

한국사 퀴즈

퀴즈로 단원별 내용점검

단원별 주요 개념을
퀴즈로 한 번 더 정리해요.

한국사능력검정시험 기출문제

한국사능력검정시험
기출문제와 고종훈 선생님의
해설로 실전에 대비해요.

기출문제로 실전 대비!!

차례

생방송 한국사 소개와 특징 …4

01 우리 역사의 시작과 발전 … 8
1. 선사 시대의 생활 모습
2. 최초의 국가 고조선
3. 고구려, 백제, 신라의 건국과 발전
4. 삼국 통일과 발해의 건국 ①
5. 삼국 통일과 발해의 건국 ②

02 세계와 활발하게 교류한 고려 … 40
1. 후삼국 통일
2. 세계 속의 고려
3. 북방 민족의 침입과 극복
4. 고려 문화의 발전

03 유교 문화가 발달한 조선 … 66
1. 조선의 건국
2. 조선의 문화와 과학의 발전
3. 유교의 전통과 생활
4. 임진왜란과 병자호란

04 조선 사회의 새로운 움직임 · 92
1. 전란의 극복
2. 새로운 문물을 받아들인 조선
3. 서민 문화의 발달
4. 조선 시대 여성의 삶
5. 조선을 뒤덮은 농민의 함성

05 근대 국가 수립을 위한 노력과 민족 운동 · 124
1. 조선의 개항
2. 자주독립 국가의 선포
3. 나라를 지키기 위한 노력
4. 나라를 되찾기 위한 노력

06 대한민국의 발전과 오늘의 우리 · 150
1. 8.15 광복과 대한민국 수립
2. 민족의 상처, 6.25 전쟁
3. 자유 민주주의의 시련과 발전
4. 경제 발전과 사회·문화의 변화
5. 대한민국의 미래와 평화 통일

01 우리 역사의 시작과 발전

1. 선사 시대의 생활 모습
2. 최초의 국가 고조선
3. 고구려, 백제, 신라의 건국과 발전
4. 삼국 통일과 발해의 건국 ①
5. 삼국 통일과 발해의 건국 ②

1 우리 역사의 시작과 발전

✱✱ 문자가 없던 시절, 사람들의 생활 모습은 어떻게 알 수 있지? 아하, 도구!

1 선사 시대의 생활 모습

■ 선사 시대
- ☑ 선사 시대란? ➡ 문자를 사용하기 이전 시대
- ☑ 선사 시대에도 도구를 사용했을까? 답은 ○

■ 선사 시대의 구분

구석기 시대	☑ 돌을 떼어 내거나 깨뜨려 뗀석기를 만들던 시대
신석기 시대	☑ 돌을 갈아 간석기를 만들던 시대

= 구(舊)는 '옛, 오래된 것'을 뜻하고, 신(新)은 '새로운, 새 것'을 뜻해.

■ 구석기 시대의 생활 모습
☑ 어떤 도구를 사용했을까?

◀ 주먹도끼: 손에 쥐고 사용한 돌도끼

◀ 긁개: 가죽을 벗기거나 나무를 깎을 때, 고기를 저밀 때 사용한 도구

▲ 밀개: 나무껍질을 벗기는 데 사용한 도구

◀ 슴베찌르개: 짐승을 사냥하거나 가죽에 구멍을 뚫을 때 사용한 도구

- ☑ 어떤 곳에서 살았을까? ➡ 동굴이나 바위 그늘에서 모여 살았음.
- ☑ 무엇을 먹었을까? ➡ 열매나 식물의 뿌리, 사냥으로 잡은 짐승, 물고기나 조개 등

(1) 선사 시대의 생활 모습

🔷 신석기 시대의 생활 모습

☑ 어떤 도구를 사용했을까?

▲ 돌보습: 땅을 파거나 갈 때 사용한 도구

◀ 빗살무늬 토기: 곡식을 저장하거나 음식을 조리할 때 사용한 도구

☑ 어떤 곳에서 살았을까?
→ 강가나 바닷가에 움집을 짓고 마을을 이루어 살았음.

◀ 움집: 땅을 파고 단단한 나무로 기둥을 만들어 세운 반지하 집

☑ 무엇을 먹었을까?
→ 농사를 지어 조, 수수를 먹었음, 사냥으로 짐승을 잡아먹음, 물고기를 잡아먹음, 과일이나 열매를 따 먹음.

 **한국사 퀴즈**

01 다음 빈칸에 들어갈 알맞은 말을 쓰세요.

1. 구석기 시대에는 돌을 떼어 내거나 깨뜨려 □□□ 을(를) 만들었다.
2. 신석기 시대에 사람들이 살았던 반지하 집을 □□ (이)라고 한다.
3. 신석기 시대에는 돌을 갈아 □□□ 을(를) 만들었다.

02 알맞은 말을 골라 ○표 하세요.

1. 문자를 사용하기 이전 시대를 (선사 / 역사) 시대라고 한다.
2. 농사는 (구석기 / 신석기) 시대에 시작되었다.
3. 빗살무늬 토기는 (구석기 / 신석기) 시대에 처음 만들어졌다.

03 다음 두 사진을 보고 빈칸에 들어갈 알맞은 말을 쓰세요.

㉠   ㉡

신석기 시대의 도구 중 (㉠   )은(는) 땅을 파거나 갈 때 사용했고, (㉡   )은(는) 곡식을 저장하거나 음식을 조리할 때 사용했다.

한국사능력검정시험 기출문제

01 다음 화면의 유물이 널리 사용된 시대에 대한 설명으로 옳은 것은? [2점]
초급 제25회 (1번)

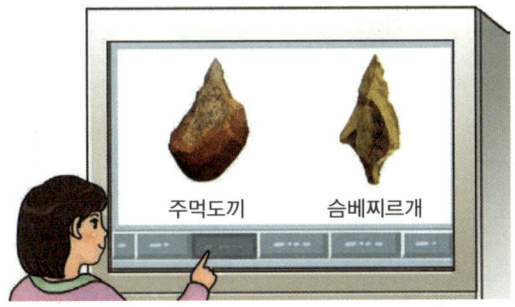

① 철제 농기구를 사용하여 농사를 지었다.
② 민무늬 토기를 만들어 음식물을 저장하였다.
③ 사냥과 채집 등을 하면서 이동 생활을 하였다.
④ 많은 사람들이 고인돌을 만드는 데 참여하였다.

> 주먹도끼, 슴베찌르개는 뗀석기입니다. 구석기 시대에 사람들은 돌을 깨뜨려 만든 뗀석기를 사용하였어요. 또, 주로 사냥, 채집을 통해 생활하며 식량을 찾아 자주 이동하였습니다.

02 다음은 어느 선사 시대의 생활 모습이다. 대화의 내용이 그림에서 표현한 시대와 맞지 않는 것은? [2점]
초급 제5회 (1번)

① 그릇을 많이 만들어서 불에 구웁시다.
② 일이 끝나면 반달 돌칼을 더 다듬어야겠어요.
③ 여보! 밭에서 거둔 곡식을 가져왔나요?
④ 아이들이 강에서 물고기를 잡아 오면 구워 먹읍시다.

> 신석기 시대에 사람들은 돌을 갈아서 만든 간석기를 사용하였고, 토기를 만들어 음식을 조리하거나 곡식을 저장하였어요. 이 시기에는 사냥, 채집 등과 함께 조, 수수 등을 재배하는 농경이 시작되었습니다.

구석기 시대에 사람들은 추위를 피해 동굴이나 바위 그늘에서 살았어요. 빗살무늬 토기를 만들고 농사를 짓기 시작한 것은 신석기 시대의 생활 모습이고, 고인돌은 청동기 시대에 만들어졌습니다.

03 다음 축제에서 재현할 수 있는 장면으로 옳은 것은? [2점]

초급 제11회 (1번)

①  ②

③  ④

청동기 시대에는 지배층이 죽으면 고인돌을 만들어 시신을 묻었어요.

04 다음 축제에서 체험할 수 있는 활동으로 적절하지 않은 것은? [2점]

초급 제27회 (1번)

① 가락바퀴로 실 뽑기
② 돌보습으로 밭 갈기
③ 고인돌의 덮개돌 끌기
④ 갈판과 갈돌로 곡식 갈기

05 다음 유적과 유물을 남긴 사람들의 생활 모습으로 옳은 것은?

[2점]

선사 시대의 집터(암사동)

갈판과 갈돌

① 머루는 빗살무늬 토기에 식량을 담았다.
② 머루 아빠는 고인돌 만드는 일을 하였다.
③ 다래 엄마는 철제 농기구로 밭을 일구었다.
④ 다래는 반달 돌칼로 벼를 추수하는 일을 도왔다.

암사동 선사 유적지는 신석기 시대의 대표적인 유적지이며, 갈판과 갈돌은 신석기 시대에 사용된 간석기예요. 신석기 시대에는 빗살무늬 토기를 만들어 곡식을 저장하고 음식을 만드는 데 이용하였어요.

06 (가) 시대에 사용된 유물로 옳은 것은? [3점]

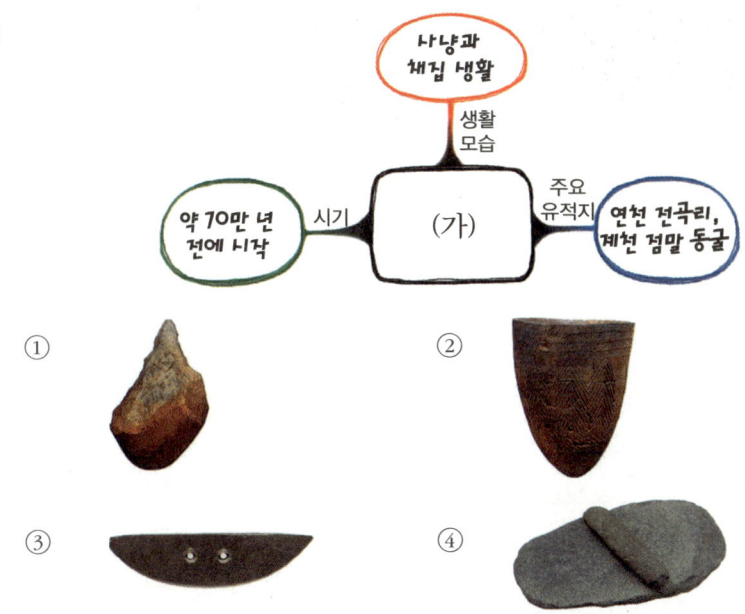

구석기 시대에는 뗀석기를 만들어 사용하였어요. 빗살무늬 토기와 간석기는 신석기 시대, 반달 돌칼은 청동기 시대에 사용되었습니다.

1 우리 역사의 시작과 발전

오~ 청동기 시대! 청동을 녹일 정도로 기술이 발달했단 이야기군

1 청동기 시대의 생활 모습

■ 청동기 시대란?
- ☑ 청동으로 만든 도구(구리에 주석 등을 섞고 불에 녹여 만든 물건)를 사용하던 시대
  - → 기원전 2000년경부터 만주와 한반도에 청동기가 등장했음.

■ 새로 등장한 생활 도구
- 청동기 시대에도 농사를 지을 때는 여전히 돌과 나무로 만든 도구를 사용했네.

◀ 비파형 동검: 청동으로 만든 칼   ▲ 거친 무늬 청동 거울: 제사 도구나 장신구로 이용된 거울   ▲ 민무늬 토기: 수확한 곡식을 담는 그릇   ▲ 반달 돌칼: 곡식을 수확하는 농기구

■ 고인돌의 등장
- ☑ 청동기 시대에는 신분이 높은 사람이 죽으면 고인돌이라는 큰 무덤을 만들었음.
- ☑ 고인돌의 뜻? → '받침돌이 커다란 덮개돌을 고이고 있다'는 의미

■ 국가의 탄생
- ☑ 지배를 하는 사람과 지배를 받는 사람이 생겨나고, 다른 마을 사람들과 싸우는 일이 잦아짐.
- ☑ 지배자의 세력이 점점 커지면서 국가가 세워짐.

(2) 최초의 국가 고조선

최초의 국가인 고조선이 이제야 등장하는구나!

고조선의 건국

- 고조선은 단군왕검이 세운 우리나라 최초의 국가로, 고려 시대 일연이 쓴 『삼국유사』에 단군왕검 이야기가 실려 있어.

단군왕검 이야기의 내용과 의미
- ☑ 환웅이 하늘에서 내려옴. → 하늘의 자손임을 내세워 지배자의 신성함을 강조
- ☑ 환웅은 바람, 비, 구름을 다스리는 신하를 데려 옴. → 농사를 중요하게 생각하였고, 훌륭한 지배자가 되려면 농사를 잘되게 하는 능력이 있어야 한다고 여겼음.
- ☑ 곰이 사람으로 변해 환웅과 결혼함. → 곰을 숭배하는 무리가 환웅이 거느리고 온 무리와 결합함.

고조선 사회의 법
- ☑ 사람을 죽인 자는 사형에 처한다.
- ☑ 남에게 상처를 입힌 자는 곡식으로 갚는다.
- ☑ 도둑질한 자는 도둑맞은 집의 노비로 삼는데, 죄를 면하려면 50만 전의 돈을 낸다.
    - ➡ 생명 중시, 농업 중심 사회, 개인의 재산 인정, 계급 사회!

생활 모습
- ☑ 옷: 삼베, 동물 털, 비단 등으로 옷을 만들어 입었음. 대부분 짚신을 신음.
- ☑ 집: 신석기 시대 움집보다 바닥이 땅 위로 올라온 움집에서 살았음.
- ☑ 생활 도구: 뼈로 만든 숟가락과 칼, 국자 사용
    민무늬 토기인 미송리식 토기 사용

▲ 미송리식 토기

한국사 퀴즈

01 다음 빈칸에 들어갈 알맞은 말을 쓰세요.

1. 우리나라에 세워진 최초의 국가 이름은 ☐☐☐(이)다.
2. 구리에 주석이나 아연을 넣고 불에 녹여 만든 물건을 사용하게 된 시대를 ☐☐☐ 시대라고 한다.
3. 청동기 시대 사람들은 곡식을 수확할 때 간석기인 ☐☐ ☐☐ 을(를) 사용하였다.

02 알맞은 말을 골라 ○표 하세요.

1. (고인돌 / 청동 거울)은 받침돌이 커다란 덮개돌을 고이고 있어 붙은 이름이다.
2. 청동기 시대는 곡식을 수확한 다음 무늬가 없는 (민무늬 / 빗살무늬) 토기에 담아 보관하였다.
3. 고조선의 (일연 스님 / 단군왕검)은 제사와 정치를 모두 담당했다.

03 아래 두 사진을 보고 ( ) 안에 들어갈 알맞은 말을 쓰세요.

1. ( )은 청동으로 만든 칼이다.
2. ( )은 제사 도구나 장신구로 이용했다.

한국사능력검정시험 기출문제

01 (가)에 들어갈 내용으로 가장 적절한 것은? [2점]

초급 제28회 (1번)

① 실을 뽑을 때 사용했지.
② 곡식을 수확할 때 사용했어.
③ 물고기를 잡을 때 사용했지.
④ 자루를 달아 창처럼 사용했어.

02 (가)에 전시될 유물로 적절하지 않은 것은? [2점]

초급 제19회 (1번)

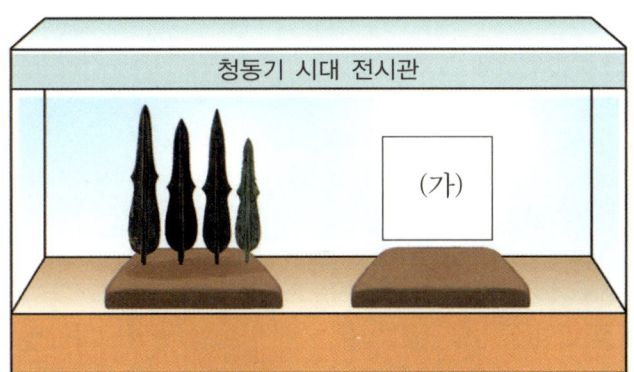

① 반달 돌칼
②  청동 거울
③  철제 농기구
④  민무늬 토기

03 다음은 우리나라 최초의 국가인 고조선의 법이다. 이 법에 나타난 고조선 사회의 모습이 <u>아닌</u> 것은? [3점]

고조선의 8조법 중 3개 조항이 전해 내려오고 있습니다. '도둑질'이라는 표현을 통해 개인의 재산 소유가 가능했음을 알 수 있어요.

> • 사람을 죽인 자는 사형에 처한다.
> • 남에게 상해를 입힌 자는 곡식으로 갚아야 한다.
> • 도둑질을 한 자는 데려다 종으로 삼는다.

① 노비가 존재했던 사회였다.
② 사유 재산을 가질 수 없었다.
③ 사회 질서가 매우 엄격한 사회였다.
④ 상해나 도둑질은 범죄로 규정되었다.

04 다음은 단군 이야기에 관한 두 친구의 대화이다. ㉠, ㉡에 들어갈 내용으로 바르게 짝지어진 것은? [1점]

우리나라 최초의 국가인 고조선의 건국 이야기는 고려 시대 승려인 일연이 쓴 『삼국유사』에 실려 전해 오고 있어요. 이야기에 나오는 곰과 호랑이는 그러한 동물을 숭배하는 무리를 뜻하고, 곰이 사람으로 변하여 환웅과 결혼했다는 것은 곰 부족과 환웅 부족이 결합했다는 것을 의미해요.

미연 : 단군 이야기는 터무니없는 얘기가 아니야. 그 이야기를 잘 살펴보면 역사적 사실을 알아 낼 수 있대.
은재 : 그래? (㉠)을(를) 보면 곰과 호랑이가 사람이 되려고 했는데, 21일 만에 결국 사람이 된 곰이 (㉡)와(과) 혼인해서 단군을 낳았다는 이야기가 있잖아? 그건 어떻게 이해할 수 있어?
미연 : 곰이나 호랑이를 숭배하던 부족이 있었는데, 그중에서 곰 부족이 (㉡) 부족과 합쳐 나라를 만들었다는 이야기지.

① ㉠ - 삼국유사, ㉡ - 환웅   ② ㉠ - 삼국유사, ㉡ - 온조
③ ㉠ - 삼국사기, ㉡ - 환인   ④ ㉠ - 삼국사기, ㉡ - 주몽

05 다음 유물과 유적이 처음 만들어진 시대에 대한 설명으로 적절하지 <u>않은</u> 것은? [3점]

초급 제16회 (2번)

비파형 동검   고인돌

① 나라가 세워졌다.
② 계급의 구분이 생겨났다.
③ 철로 만든 농기구를 사용하였다.
④ 민무늬 토기를 만들어 사용하였다.

비파형 동검과 고인돌은 청동기 시대의 유물과 유적입니다. 청동기 시대에는 지배자와 지배를 받는 사람들이 생겨났고, 지배자의 세력이 점점 커지면서 마침내 국가가 세워졌어요.

06 (가) 국가에 대한 설명으로 옳은 것은? [2점]

초급 제29회 (2번)

홍익인간 — 건국 이념 — (가)
단군왕검 — 건국 시조 — (가)
(가) — 건국 기록 — 삼국유사

① 화백 회의가 있었다.
② 우리나라 최초의 국가였다.
③ 칠지도를 왜왕에게 하사하였다.
④ 서옥제라는 혼인 풍습이 있었다.

단군왕검은 홍익인간을 건국이념으로 하여 우리나라 최초의 국가인 고조선을 세웠습니다. 단군왕검의 건국 이야기는 『삼국유사』에 실려 전해 오고 있어요.

21

1 우리 역사의 시작과 발전

한반도에서 변화가 시작된 걸까? 고조선이 무너진 후 무슨 일이 있었던 거지?

1 여러 나라의 성장

철기 보급과 여러 나라의 성장
- ☑ 철기 문화: 철로 무기나 농기구를 만들어 사용
- ☑ 부여, 고구려, 옥저, 동예, 삼한(마한, 변한, 진한)의 성립

고구려, 백제, 신라의 성장 배경
- ☑ 율령 반포: 율령은 범죄에 대한 처벌과 나라를 운영하는 제도에 관한 규정 → 법을 만들어 나라를 운영하는 기본 방향을 제시하고 귀족들의 의견도 효과적으로 누를 수 있었음.
- ☑ 제도 정비: 나라 살림을 위해 백성들로부터 세금을 거둠.
- ☑ 불교 수용: 백성이 왕을 부처처럼 섬기도록 함.
- ☑ 교류: 이웃 나라와 서로 교류하며 경제와 문화를 발전시킴.
- ☑ 정복 활동: 끊임없는 정복 활동으로 영토를 넓히고 힘을 키움.

2 삼국의 발전 과정

백제
- ☑ 근초고왕이 남해안 지역 진출, 가야에 영향력 미침, 고구려 공격
- ☑ 근초고왕은 정치, 문화 등 다양한 분야에서 이웃 나라와 활발히 교류 → 백제의 전성기

고구려
- ☑ 백제의 공격으로 위기를 맞기도 함.
- ☑ 소수림왕은 불교를 받아들이고 태학을 세웠으며 율령을 반포하여 나라를 정비
- ☑ 광개토 대왕은 영토를 넓혀 요동 지방까지 진출, 한강을 건너 백제 공격
- ☑ 장수왕은 도읍을 평양으로 옮기고 한강 유역 차지 → 고구려의 전성기

(3) 고구려, 백제, 신라의 건국과 발전

🔳 신라
- ☑ 지증왕: 강원도 중부까지 진출, 우산국 정복
- ☑ 진흥왕: 한강 유역 차지, 대가야 정복, 고구려 공격, 화랑도 조직 등 → 신라의 전성기

🔳 삼국의 전성기
- ☑ 공통점: 한강 유역 차지, 영토 확장
- ☑ 삼국이 한강을 차지하려 했던 이유: 이웃 나라와의 교류와 농사짓기에 유리
- = 한강을 차지한 나라가 당시 강대국이었던 이야기구나.

▲ 백제의 전성기(4세기, 근초고왕)

▲ 고구려의 전성기(5세기, 광개토 대왕, 장수왕)

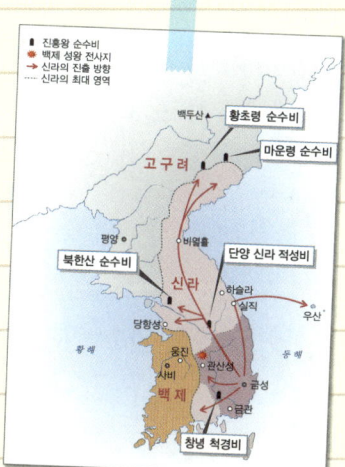
▲ 신라의 전성기(6세기, 진흥왕)

🔳 가야의 발전
- ☑ 낙동강 유역에 여러 가야가 세워짐.
- ☑ 여러 가야가 연맹을 이루며, 강과 바다를 통해 주변 국가들과 활발히 교류
- ☑ 평야 지대에 자리 잡아 농사짓기에 유리
- ☑ 질 좋은 철을 낙랑과 왜에 수출하여 발전
- ☑ 가야의 여러 나라들은 힘을 하나로 모으지 못함. → 신라에 병합됨.

한국사 퀴즈

01 다음 빈칸에 들어갈 알맞은 말을 쓰세요.

1. 고구려, 백제, 신라가 서로 경쟁하며 교류하던 시기를 ☐☐ 시대라고 한다.
2. 삼국은 나라의 살림살이를 위해 백성들로부터 ☐☐ 을(를) 거두어들였다.
3. 삼국이 세워질 무렵 발전된 철기 문화를 바탕으로 낙동강 유역에 ☐☐ 이(가) 성립하였다.

02 알맞은 말을 골라 ○표 하세요.

1. 한반도에 세워진 삼국은 (청동기 / 철기) 문화를 바탕으로 세워졌다.
2. 삼국 중 가장 먼저 전성기를 맞이한 나라는 (고구려 / 백제 / 신라)이다.
3. 삼국이 각 나라의 전성기에 공통적으로 차지하였던 지역은 (한강 / 낙동강) 유역이다.

03 다음을 읽고 빈칸에 공통으로 들어갈 알맞은 말을 쓰세요.

> 나는 신라의 ☐☐ 왕이야. 신라의 영토를 북쪽으로는 함경도 지방까지, 서쪽으로는 충청도 지방까지 넓혔단다. 그건 직접 새로운 영토를 둘러보며 국경에 세운 비석인 ☐☐ 왕 순수비를 보면 알 수 있어. 그 밖의 내 업적은 젊고 똑똑한 인재를 키워내는 화랑도 조직을 만든 거란다.

01. 우리 역사의 시작과 발전

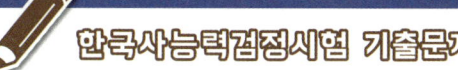

01 (가) 국가를 다스렸던 왕의 업적으로 옳은 것은? [2점]

_{초급}
_{제23회}
_(5번)

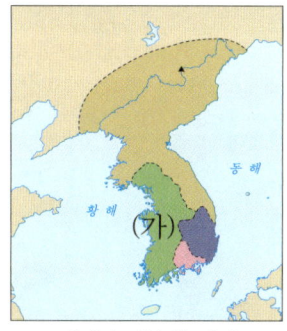

백제의 전성기(4세기)

① 5소경을 설치하였다.
② 우산국을 정벌하였다.
③ 도읍을 평양으로 옮겼다.
④ 황해도 일부 지역을 차지하였다.

지도의 (가) 국가는 백제입니다. 백제의 전성기를 이끈 왕은 근초고왕으로, 근초고왕은 북쪽의 고구려를 공격하여 황해도 일부를 차지하는 등 영토를 크게 넓혔어요.

02 (가)~(다)는 삼국의 전성기 지도이다. 지도와 왕이 옳게 짝지어진 것은? [2점]

_{초급}
_{제12회}
_(3번)

(가)　　　　　(나)　　　　　(다)

	(가)	(나)	(다)
①	근초고왕	장수왕	진흥왕
②	장수왕	근초고왕	진흥왕
③	장수왕	진흥왕	근초고왕
④	진흥왕	장수왕	근초고왕

삼국은 백제-고구려-신라 순으로 전성기를 맞이했어요. 각국의 전성기를 이끈 왕은 백제-근초고왕, 고구려-장수왕, 신라-진흥왕입니다.

25

고구려의 장수왕은 도읍을 평양으로 옮기고 남진 정책을 추진하여 한강 남쪽 지역까지 영토를 넓혔습니다.

03 선생님의 질문에 대한 학생의 대답으로 옳은 것은? [2점]

초급 제22회 (5번)

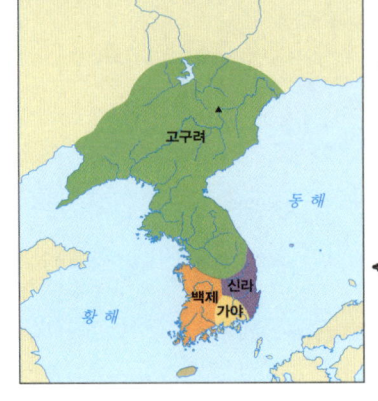

한성을 함락하고 지도와 같이 한강 남쪽을 차지한 고구려 왕이 한 일은 또 무엇이 있을까요?

① 민수: 도읍을 평양으로 옮겼습니다.
② 영희: 수나라의 침입을 막아냈습니다.
③ 주희: 신라를 도와 왜를 물리쳤습니다.
④ 철수: 교육 기관인 태학을 설립하였습니다.

광개토 대왕의 뒤를 이은 장수왕은 도읍을 평양으로 옮기고 한강 남쪽을 차지하였어요. 이때 고구려의 공격으로 백제의 개로왕이 전사하였지요. 또, 장수왕은 아버지인 광개토 대왕의 업적을 기리기 위해 광개토 대왕릉비를 세웠어요.

04 다음 인물의 업적으로 옳은 것은? [2점]

초급 제19회 (6번)

① 옥저를 통합하였다.
② 우산국을 차지하였다.
③ 평양으로 도읍을 옮겼다.
④ 신라에 침입한 왜구를 물리쳤다.

05 다음 왕의 업적으로 옳지 <u>않은</u> 것은? [3점]

초급
제20회
(5번)

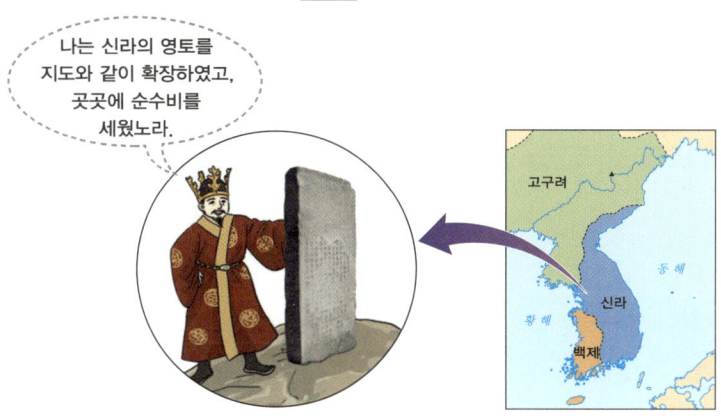

① 대가야를 정복하였다.
② 한강 유역을 차지하였다.
③ 불교를 처음으로 공식 인정하였다.
④ 화랑도를 국가적인 조직으로 정비하였다.

진흥왕은 신라의 전성기를 이끈 왕으로 한강 유역 점령, 대가야 병합 등 영토를 크게 넓혔습니다. 진흥왕은 영토 확장을 기념하여 점령 지역에 순수비를 세웠어요. 한편, 신라에서 불교가 공인된 것은 법흥왕 때의 일이에요.

06 다음에서 설명하는 나라를 지도에서 옳게 찾은 것은? [2점]

초급
제18회
(4번)

이 나라는 낙동강 유역에 있었으며 김수로왕의 건국 이야기가 전해진다. 질 좋은 철이 많이 나서 중국, 왜 등과 활발한 교역을 하였다.

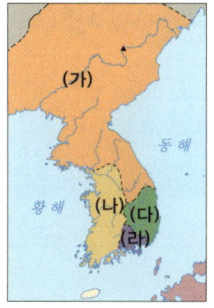

① (가)   ② (나)   ③ (다)   ④ (라)

삼국이 건국될 무렵, 낙동강 하류 지역에서는 여러 가야가 세워졌어요. 이들은 연맹 왕국을 이루고, 농업과 철기 문화를 바탕으로 발전하였어요.

1 우리 역사의 시작과 발전

※ 제일 발전이 늦었던 신라가 어떻게 삼국을 통일할 수 있었던 거지?

1 외세를 물리친 고구려

■ 수·당을 물리친 고구려
- ☑ 수와의 전쟁: 을지문덕이 이끈 고구려군은 수 군대를 살수(청천강)에서 공격해 크게 승리함.
- ☑ 당과의 전쟁: 안시성 싸움에서 고구려가 큰 승리를 거둠.
- → 고구려는 수·당의 침입을 모두 막아 내며 한반도를 지키는 역할을 하였으나, 계속된 전쟁으로 삼국 간의 경쟁에서 어려움을 겪게 됨.

2 신라의 삼국 통일

■ 삼국 통일의 과정
- ☑ 나(신라)당 연합: 당은 고구려에 당한 치욕을 갚고자 신라와 연합함.
- ☑ 백제 멸망(660년): 신라군은 '황산벌 전투'에서 백제를 물리쳤고, 백제는 도읍 사비성을 빼앗기고 멸망함.
- ☑ 고구려 멸망(668년): 연개소문이 죽자 고구려 내부에서 권력 다툼 발생 → 나당 연합군의 공격으로 평양성을 빼앗기고 멸망함.
- ☑ 백제와 고구려의 부흥 운동: 백제와 고구려의 백성들이 다시 나라를 일으켜 세우려고 하였으나, 실패함.
- ☑ 나당 전쟁: 당이 한반도 전체를 지배하려고 하자 신라는 매소성 전투(675년)와 기벌포 전투(676년)에서 당을 물리침.
- ☑ 삼국 통일: 신라 문무왕은 당의 군대를 몰아내고 삼국 통일을 이룸.
- = 당은 한반도 전체를 차지하려 했지만 우리 민족은 단결된 힘으로 잘 막아냈군. 역시 우리 한민족은 대단해.

■ 삼국 통일의 의의와 한계
- ☑ 의의: 고구려, 백제, 신라 사람들을 하나로 모아 새로운 민족 문화가 발전할 수 있는 토대 마련
- ☑ 한계: 당과 연합하고, 대동강 북쪽의 고구려 땅을 대부분 잃음.

(4) 삼국 통일과 발해의 건국 ①

아, 이 시기가 바로 남북국 시대구나!

3. 신라와 발해의 발전

- **신라의 발전**
  - ☑ 문무왕: 고구려를 정복하여 통일을 이룸. 백제와 고구려 유민들을 아우르는 정책을 펼침.
  - ☑ 신문왕: 왕권을 강화하고, 여러 제도를 정비함.
    = 통일로 나라가 커지고 인구도 늘어나 새로운 제도가 필요했겠어.

- **발해의 성립과 발전**
  - ☑ 고구려 장수였던 대조영이 고구려 유민을 이끌고 나와 동모산 기슭에 발해를 세움.
  - ☑ 무왕: 당 기습 공격
  - ☑ 문왕: 당과 친하게 지내며 문물과 제도를 받아들임.
  - ☑ 선왕: 옛 고구려 땅을 대부분 차지(전성기)
    → 당은 발해를 바다 동쪽의 번성한 나라라는 뜻의 '해동성국'이라 부름.
    = 지도를 보면 발해의 영토가 고구려의 영토보다 넓은 것 같군!

▲ 발해의 전성기 때 영토

- **신라와 발해의 교류 활동**
  - ☑ 신라: 당으로부터 비단, 서적 등을 수입하고 사신, 유학생, 승려 등이 자주 왕래함.
  - ☑ 발해: 교역로가 발달하여 신라, 당, 거란, 일본 및 중앙아시아의 나라와 교류함. 당과 사신이 자주 오갔고, 일본에 특산물을 수출함.
  = 발해는 무역을 잘해서 일본은 발해의 입국을 거절하기도 했대.

한국사 퀴즈

01 다음 빈칸에 들어갈 알맞은 말을 쓰세요.

1. 살수 대첩을 승리로 이끈 고구려 장군의 이름은 ☐☐☐☐(이)다.
2. 신라가 백제를 공격하기 위해 연합한 나라의 이름은 ☐이다.
3. 삼국 중 살수 대첩, 안시성 싸움을 승리로 이끌며 외세의 침입으로부터 한반도를 지켜낸 나라는 ☐☐☐이다.

02 알맞은 말을 골라 ○표 하세요.

1. 삼국 통일을 이루었으며, 백제와 고구려 유민들을 아우르는 정책을 펼친 왕은 (문무왕 / 신문왕)이다.
2. 김유신이 이끄는 신라군은 황산벌 전투에서 (백제 / 고구려)군을 물리쳤다.
3. 발해는 고구려의 옛 땅 대부분을 차지해, 바다 동쪽의 번성한 나라라는 뜻의 (해동성국 / 동방예의지국)이라 불렸다.

03 다음 글을 읽고 빈칸에 공통으로 들어갈 알맞은 말을 쓰세요.

☐☐☐ 멸망 후, 당은 ☐☐☐ 땅을 직접 다스리고자 하였다. 이에 ☐☐☐ 장수였던 대조영이 ☐☐☐ 유민을 이끌고 동모산 기슭에 발해를 세웠다. 발해는 점차 ☐☐☐의 옛 땅을 차지하고 ☐☐☐의 기상과 문화를 이어받았다.

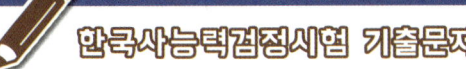

01
초급
제18회
(5번)

다음 학생이 설명하는 역사 인물 카드로 옳은 것은? [2점]

고구려에 쳐들어 온 수나라 군대를 살수로 유인하여 크게 물리친 인물입니다.

수는 중국을 통일한 후 고구려를 침략하였어요. 이에 맞서 을지문덕이 이끈 고구려군은 살수에서 수 군대를 크게 물리쳤습니다.

①  연개소문
②  계백
③  을지문덕
④  이사부

02
초급
제29회
(7번)

(가)~(다)의 사건을 일어난 순서대로 옳게 나열한 것은? [3점]

신라의 삼국 통일 과정

① (가)-(나)-(다)
② (나)-(가)-(다)
③ (다)-(가)-(나)
④ (다)-(나)-(가)

신라는 당과 연합하여 먼저 백제를 공격하였어요. 백제는 이에 맞서 싸웠지만 결국 사비성을 빼앗기고 멸망하였습니다. 이후 신라와 당의 연합군은 고구려를 공격하여 평양성을 함락하였어요. 백제와 고구려가 멸망한 후, 당은 한반도 전체를 지배하려 하였어요. 이에 신라는 당을 몰아내기 위한 전쟁을 벌여 마침내 기벌포에서 당의 수군을 격파함으로써 삼국 통일을 이루었어요.

고구려 유민들의 부흥 운동은 고구려 멸망 이후에 일어났습니다. 고구려 멸망은 백제 멸망 이후의 일이에요.

03 (가)~(라) 시기에 있었던 역사적 사실로 옳지 <u>않은</u> 것은? [3점]
초급 제17회 (5번)

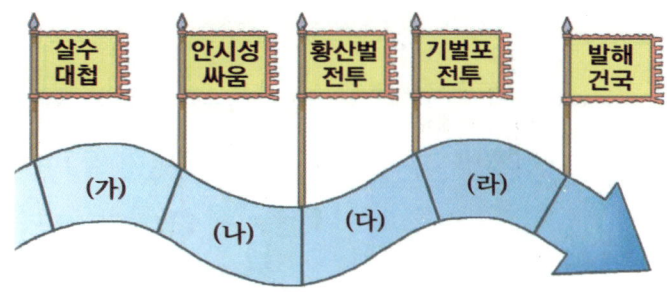

① (가) - 수나라는 국력을 소모하여 멸망하였다.
② (나) - 고구려 유민들이 부흥 운동을 일으켰다.
③ (다) - 백제는 사비성이 함락되어 멸망하였다.
④ (라) - 신라의 문무왕이 삼국 통일을 완성하였다.

신라의 삼국 통일은 그 과정에서 당의 세력을 끌어들이고, 고구려 영토의 대부분을 잃었다는 한계가 있어요. 하지만 고구려, 백제, 신라의 사람들을 하나로 모아 새로운 민족 문화가 발전하는 기반이 되었다는 점에서 의의가 있

04 다음 주제에 대한 학생들의 발표 내용으로 옳지 <u>않은</u> 것은?
초급 제20회 (8번)
[3점]

32 01. 우리 역사의 시작과 발전

05 다음 퀴즈의 정답으로 옳은 것은? [2점]

고구려 멸망 후, 고구려의 장수였던 대조영은 고구려 유민들을 이끌고 동모산 기슭에 발해를 세웠어요. 발해는 고구려의 옛 땅을 되찾고 고구려의 기상과 문화를 이어받았어요.

06 다음 역사 지도에 있는 ㉠ 나라에 대한 설명으로 적절하지 <u>않은</u> 것은? [2점]

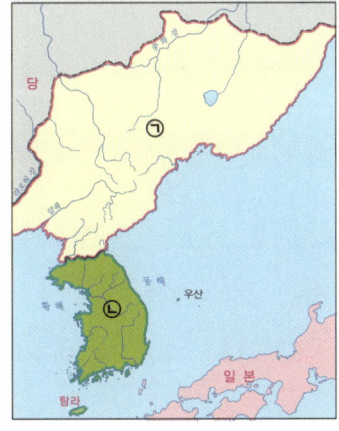

① 해동성국이라고도 불렸다.
② 건국 초기에 ㉡ 나라와 사이가 좋지 않았다.
③ 대조영이 세운 나라로 고구려의 기상과 문화를 이어갔다.
④ 삼국의 문화를 계승하여 새로운 민족 문화를 이룩하였다.

지도의 ㉠은 발해, ㉡은 통일 신라입니다. 고구려의 장수 대조영이 세운 발해는 건국 초기에는 신라와 대립하였으나 협력 관계를 이어가며 발전하였고, '바다 동쪽에 있는 번성한 나라'라는 뜻의 해동성국이라고 불렸어요.

1 우리 역사의 시작과 발전

통일 후 신라 귀족들은 더 화려한 삶을 살았을까?

1 신라와 발해 사람들의 생활 모습

■ 신라 사람들의 생활 모습

귀족
- ☑ 대부분 도읍인 금성(지금의 경주)에 살았음.
- ☑ 토지를 대대로 물려받거나 국가에서 받았고, 노비도 거느림.
- ☑ 숯으로 밥을 지어 먹고, 기와로 지붕을 이은 큰 집에서 살았음.
- ☑ 당의 옷차림이 널리 유행함.

◀ 귀족들의 주사위로 귀족들의 생활을 엿볼 수 있는 유물

평민
- ☑ 대부분 농사를 지으며 생활함.
- ☑ 나라에 세금을 내고, 군사 훈련이나 성곽, 궁궐 등을 짓는 데 동원됨.
- ☑ 초가집이나 흙, 나무로 만든 집에서 살았음.

= 귀족들은 화려한 삶, 평민들은 힘든 삶…. 세월이 흘러도 변하지 않는 게 있나 봐!

■ 발해 사람들의 생활 모습
- ☑ 주로 잡곡과 해산물을 먹었고, 가축을 기름.
- ☑ 다양한 형태의 토기(그릇)를 사용함.
- ☑ 궁전은 화려하게 장식된 기와로 지붕을 이음.
- ☑ 평민은 땅 위나 반지하에서 집을 짓고 생활함.
- ☑ 귀족들의 옷차림은 고구려와 당의 영향을 받음.

(5) 삼국 통일과 발해의 건국 ②

※ 신라와 발해의 문화라···. 기본적으로 불교문화겠지?

2. 신라와 발해 문화의 특징

🟦 신라

- ☑ 불교 중심의 문화: 원효와 의상 등의 노력으로 불교가 평민에게까지 보급됨. 절·불상·탑·범종 등이 만들어짐.

▲ 경주 불국사 삼층 석탑

▲ 경주 불국사 다보탑

▲ 경주 석굴암 본존불

- ☑ 인쇄 기술의 발달: 무구 정광 대다라니경은 현재 남아 있는 세계에서 가장 오래된 목판 인쇄물!
= 우리나라의 인쇄술은 정말 자랑스러워~.

🟧 발해

- ☑ 발해에서도 불교가 중시됨.
  → 불상, 석등, 연꽃무늬 기와 등 불교와 관련된 유물이 많이 만들어짐.
- ☑ 고구려 문화를 바탕으로 당 문화, 말갈 문화를 받아들여 독자적인 문화를 이룸.
= 발해를 자신들의 영토로 주장하는 중국인들! 나빠~.

▲ 발해 이불병좌상

◀ 발해의 석등

한국사 퀴즈

01 다음 빈칸에 들어갈 알맞은 말을 쓰세요.

1. 통일 이후 신라는 ☐☐을(를) 중심으로 문화가 발전했다.
2. 신라의 승려인 ☐☐와(과) 의상 등은 불교를 일반 백성들에게 널리 퍼뜨렸다.
3. ☐☐ ☐☐☐☐☐☐은(는) 세계에서 가장 오래된 목판 인쇄물이다.

02 알맞은 말을 골라 ○표 하세요.

1. 신라와 발해가 가장 중요시한 종교는 (불교 / 도교)이다.
2. 신라의 귀족들은 대부분 (금성 / 상경)에 살면서 많은 노비를 거느렸다.
3. 발해는 (백제 / 고구려) 문화를 바탕으로 당 문화, 말갈 문화를 받아들여 독자적인 문화를 이루었다.

03 다음 문화재와 그 이름을 바르게 연결해 보세요.

(가) 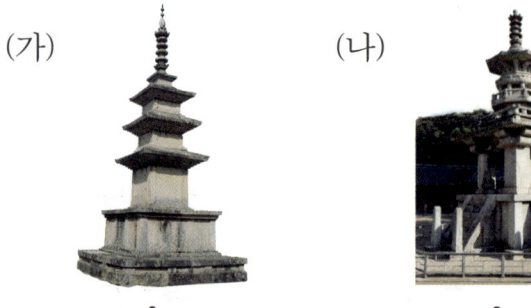　(나) 　(다)

㉠ 경주 불국사 다보탑　　㉡ 경주 불국사 삼층 석탑　　㉢ 경주 석굴암 본존불

한국사능력검정시험 기출문제

01 (가)에 들어갈 사진으로 옳은 것은? [2점]

초급
제15회
(6번)

현장 체험 학습 보고서
○학년 ○반 ○○○
- 일   시 : 2011년 ○○월 ○○일
- 장   소 : 경주 일대
- 조사 내용 : 석굴 모양의 사찰로 그 안에는 본존불이 모셔져 있고, 주변에는 많은 조각상들이 새겨져 있다. 당시 신라 석공들의 정교한 기술과 뛰어난 예술성을 엿볼 수 있다.

〈관련 사진〉

(가)

①    ②

③    ④

통일 신라는 불교를 중심으로 한 문화를 크게 꽃피웠어요. 특히 석굴암 본존불은 통일 신라의 뛰어난 과학 기술을 보여 주지요. ②는 서산 용현리 마애 여래 삼존상(백제), ③은 경주 분황사 모전 석탑(신라), ④는 경주 불국사의 청운교와 백운교(통일 신라)입니다.

02 다음 장면에 등장하는 승려로 옳은 것은? [2점]

초급
제19회
(9번)

① 원효   ② 의천   ③ 일연   ④ 지눌

통일 신라 시대에는 불교가 크게 발전하였는데, 이 시기 원효는 불교를 평민층까지 보급시켜 불교의 대중화에 힘썼어요.

37

고구려 멸망 후, 고구려 장수였던 대조영은 고구려 유민을 이끌고 동모산 기슭에 발해를 세웠어요. 발해는 고구려 계승 의식을 바탕으로 발전하였고, 중국의 당은 이러한 발해를 '바다 동쪽에 있는 번성한 나라'라는 뜻의 해동성국으로 불렀어요.

03 (가)에 들어갈 내용으로 옳은 것은? [3점]

초급 제28회 (8번)

① 무천이라는 제천 행사가 있었다.
② 전국에 9주 5소경을 설치하였다.
③ 대조영이 동모산에서 건국하였다.
④ 화백 회의에서 중요한 일을 결정하였다.

불교는 삼국 시대에 전래되었어요. 신라에서는 이차돈의 순교로 불교가 공인되었고, 통일 신라 시대에 이르러 불교가 크게 발전하였어요. 특히 통일 신라 시대의 원효는 불교의 가르침을 일반 백성들에게도 널리 전파하였어요.

04 다음 두 이야기에 공통으로 관련된 종교는? [2점]

초급 제11회 (8번)

| 왕은 새로운 종교를 받아들일 방법을 모색하고 있었다. 이때 이차돈이 찾아와 자신의 목숨을 바치겠다고 하였다. …… 이차돈이 처형되는 순간 목에서 흰 피가 솟구치고 하늘에서 꽃비가 내렸다고 한다. 이를 지켜 본 사람들은 새로운 종교를 믿게 되었다. | 원효는 당나라로 가던 중 밤에 오래된 무덤에서 잠을 자다가 물을 마시려고 일어났다. 마침 옆의 그릇에 담겨 있는 물을 마셨다. 아침에 일어나보니 밤에 자신이 마신 물그릇이 해골이었음을 알고 큰 깨달음을 얻어 그냥 되돌아왔다. |

① 도교   ② 유교   ③ 불교   ④ 대종교

38 01. 우리 역사의 시작과 발전

05 (가) 지역에서 볼 수 있는 문화유산으로 옳지 <u>않은</u> 것은? [3점]

초급 제24회 (7번)

 (가) 은/는 신라의 수도였던 곳으로 다양한 문화유산이 남아 있습니다.

 경주는 신라의 도읍입니다. 정림사지 5층 석탑은 백제의 탑이에요.

①  불국사 다보탑

②  정림사지 5층 석탑

③  첨성대

④  분황사 석탑

06 (가)에 들어갈 문화유산으로 옳은 것은? [3점]

초급 제23회 (11번)

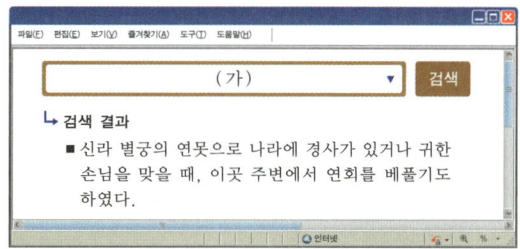

신라 별궁의 연못으로 나라에 경사가 있거나 귀한 손님을 맞을 때, 이곳 주변에서 연회를 베풀기도 하였다.

①  월지(안압지)

②  향원정

③  포석정

④  경회루

 경주에 있는 월지(안압지)는 왕이 신하들과 함께 잔치를 벌이던 인공 연못이에요. 이곳에서 출토된 유물들을 통해 당시 왕실과 귀족의 화려한 생활을 엿볼 수 있어요.

02 세계와 활발하게 교류한 고려

1. 후삼국 통일
2. 세계 속의 고려
3. 북방 민족의 침입과 극복
4. 고려 문화의 발전

2 세계와 활발하게 교류한 고려

신라 말의 혼란? 무슨 이유로?

1 후삼국의 성립

■ **신라 말의 혼란**
- ☑ 귀족: 일부 귀족들은 스스로 왕이 되고자 하였고, 재산을 늘리며 호화롭게 생활함.
- ☑ 농민: 나라의 세금을 감당하지 못해 전국에서 농민들이 봉기함.
- ☑ 호족: 신라 말에 성장한 지방 세력으로, 지방에서 성을 쌓고 군사를 모아 독자적으로 백성을 다스림.

■ **후삼국의 성립**
- ☑ 후백제: 건국자는 견훤, 도읍은 완산주(전주), 옛 백제의 대부분 차지(전라도와 충청도, 경상도 서쪽)
- ☑ 후고구려: 건국자는 궁예, 도읍은 송악(개성) → 철원, 경기도·황해도·충청도·강원도 일부 차지
- ☑ 신라: 지금의 경상도 일부 지역으로 영토가 줄어듦.

후삼국은 어느 나라가 통일을 하게 되었을까?

2 고려의 후삼국 통일 과정

■ **고려의 건국**
- ☑ 궁예가 스스로 미륵불이라 부르면서 나라를 난폭하게 다스림.
- ☑ 왕건이 궁예를 몰아내고 왕위에 오름.
  → 고구려를 이었다는 뜻으로 나라 이름을 '고려'라 지음.
  = 고려는 신라를 먼저 끌어안고 나중에 후백제를 점령했군!

■ **고려의 후삼국 통일**

(1) 후삼국 통일

■ 후삼국 통일의 의의
- ☑ 실질적인 민족 통일: 신라와 후백제 통합, 발해 유민까지 받아들임.
- ☑ 지방 세력의 정치 참여 확대: 지방 사람들도 관직에 오를 수 있게 됨.
- ☑ 새로운 민족 문화 발달: 옛 고구려, 백제, 신라의 문화를 받아들임.

■ 태조 왕건의 정책
- ☑ 왕권 안정: 호족을 자기편으로 만들어 왕권을 안정시킴.
- ☑ 민족 통합: 신라와 후백제 출신 사람들도 공평하게 대함.
- ☑ 생활 안정: 원칙에 따라 세금을 거두어 백성의 부담을 줄임.
- ☑ 북진 정책: 고구려의 옛 영토를 회복하기 위해 북쪽으로 영토를 넓힘.
- ☑ 훈요 10조: 후대 왕들에게 가르침을 남김.

■ 광종의 정책
- ☑ 노비안검법 실시: 불법으로 노비가 된 사람들을 해방시킴.
- ☑ 과거제 실시: 나라에서 시험을 치러 능력 있는 관리를 뽑음.
- = 두 정책 모두 호족들에게는 큰 걸림돌이 되었겠는데!

■ 성종의 정책
- ☑ 유학자 최승로의 시무 28조를 받아들여 유교 정치 이념을 확립
- ☑ 2성 6부를 중심으로 하는 중앙 관제 마련 ➡ 2성(중서문하성, 상서성) + 6부(이·병·호·형·예·공부)
- ☑ 12목을 설치하고, 지방 관리를 파견 — 지방에 대한 통치를 강화하기 위한 제도야.
- ☑ 국자감을 정비하고, 교육에 힘씀.

한국사 퀴즈

01 다음 빈칸에 들어갈 알맞은 말을 쓰세요.

1. 후백제, 후고구려, 신라가 서로 경쟁하던 시대를 ☐☐☐ 시대라고 한다.
2. 신라 말, 지방에서 성을 쌓고 군사를 모아 독자적으로 그곳의 백성을 다스리던 사람들을 ☐☐(이)라 한다.
3. 왕위에 오른 왕건은 고구려를 이었다는 뜻으로 나라 이름을 ☐☐(이)라 하고 도읍을 철원에서 송악으로 옮겼다.

02 알맞은 말을 골라 ○표 하세요.

1. 공정한 시험을 치러 관리를 뽑는 제도를 (과거제 / 음서제)라고 한다.
2. 후삼국을 통일한 고려는 (발해 / 당)의 유민까지 적극적으로 받아들였다.
3. 왕건이 나라를 굳건히 지키기 위해 후대 왕들에게 남긴 가르침을 (시무 28조 / 훈요 10조)라고 한다.

03 다음 빈칸에 공통으로 들어갈 알맞은 말을 적으세요.

> 고려 초기에는 호족이 가난한 백성을 노비로 삼아 자신의 세력을 키워 나가는 경우가 많았다. 이에 광종은 ☐☐☐☐☐을(를) 실시하여 호족이 불법적으로 차지한 노비를 해방하고 호족 세력을 약화시키기려 하였다. 또한 ☐☐☐☐☐(으)로 인해 세금을 부담하는 양인의 수가 증가하여 국가의 수입도 증대되었다.

02. 세계와 활발하게 교류한 고려

01 (가)~(다)를 일어난 순서대로 옳게 나열한 것은? [2점]

초급 제28회 (11번)

① (가)-(나)-(다)
② (가)-(다)-(나)
③ (나)-(가)-(다)
④ (다)-(가)-(나)

궁예의 부하였던 왕건은 궁예를 몰아내고 왕위에 올라 고려를 건국하였어요. 신라의 경순왕은 더 이상 나라를 유지하기 어렵게 되자 스스로 나라를 고려에 넘겨주었고, 이후 고려는 후백제군을 무찔러 후삼국을 통일하였어요.

02 (가)에 들어갈 내용으로 옳지 않은 것은? [2점]

초급 제24회 (11번)

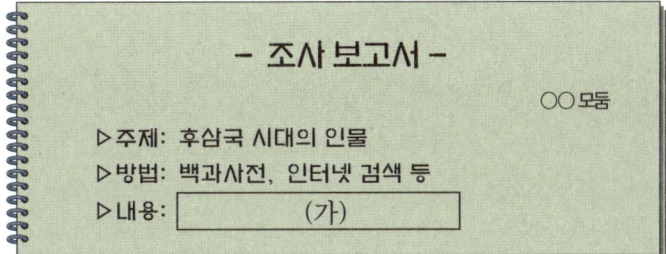

① 후고구려를 세운 궁예
② 고려에 나라를 넘겨준 경순왕
③ 신검에게 왕위를 빼앗긴 견훤
④ 황산벌 전투에서 승리한 김유신

김유신은 신라의 삼국 통일 당시 백제 계백 장군의 결사대를 황산벌에서 무찌른 신라의 장군입니다.

고려의 왕건은 후삼국을 통일하였어요. 왕건은 옛 고구려의 영토를 회복하기 위해 노력하였는데, 이를 위해 고구려의 수도였던 서경(평양)을 중시하였습니다.

03 (가) 왕의 정책으로 옳은 것은? [2점]

초급 제19회 (11번)

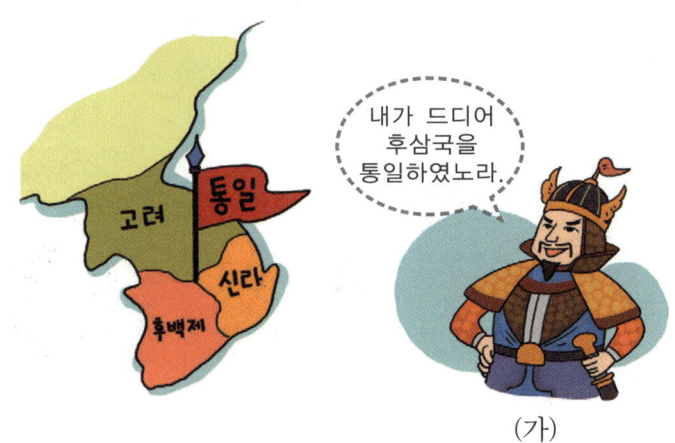

① 서경을 중시하였다.
② 과거제를 실시하였다.
③ 강동 6주에 성을 쌓았다.
④ 노비안검법을 시행하였다.

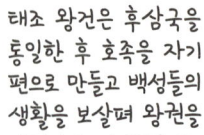

04 후삼국 통일 후, 왕건이 다음과 같은 정책을 펼친 이유로 가장 알맞은 것은? [2점]

6급 제1회 (12번)

태조 왕건은 후삼국을 통일한 후 호족을 자기 편으로 만들고 백성들의 생활을 보살펴 왕권을 안정시키고자 하였어요.

- 백성들의 세금을 줄였다.
- 지방 세력을 후하게 대접했다.
- 불교를 장려하여 많은 절과 탑을 세웠다.
- 발해 유민이 고려로 모여드는 것을 허락하였다.

① 불교를 증흥시키기 위해
② 발해와 충돌을 피하기 위해
③ 지방 호족을 무력화시키기 위해
④ 새로운 왕조를 안정시키기 위해

02. 세계와 활발하게 교류한 고려

05 (가)에 들어갈 내용으로 옳은 것은? [2점]

고려 초기에는 호족의 힘이 커서 왕권이 불안정하였어요. 이에 광종은 호족의 세력을 약화시키기 위해 노비안검법 실시, 과거제 시행 등의 정책을 펼쳤어요.

① 과거제 시행
② 별무반 조직
③ 삼국사기 편찬
④ 시무 28조 채택

06 다음을 받아들인 왕의 업적으로 옳은 것은? [3점]

시무 28조

- 지방관을 파견하여 백성을 보살펴야 합니다.
- 불교를 믿는 것은 자신을 닦는 근본이며, 유교를 행하는 것은 나라를 다스리는 근원입니다.

⋮

고려 성종은 최승로의 시무 28조를 받아들여 유교 정치사상을 통치의 근본이념으로 삼았어요. 또, 지방에 12목을 설치하여 지방관을 파견하는 등 여러 제도를 정비하였어요.

① 성균관을 설립하였다.
② 경국대전을 편찬하였다.
③ 지방에 12목을 설치하였다.
④ 노비안검법을 처음 실시하였다.

2 세계와 활발하게 교류한 고려

통일 이후 고려는 주변 나라들과 관계를 잘 유지하였을까?

1 고려와 주변 나라들의 관계

- **거란**
  - ☑ 중국의 북쪽 지역에 살던 유목 민족
  - ☑ 나라 이름을 '요'로 고치고, 강대국으로 성장해 고려를 위협함.

- **여진**
  - ☑ 요가 쇠퇴하자 힘을 키워 세력을 넓힘.
  - ☑ 더욱 강해진 여진은 금을 세우고 요를 멸망시킴.

- **송**
  - ☑ 당 멸망 후 혼란기를 이겨내고 중국을 통일
  - ☑ 고려는 송에 사신을 보내고 친선 관계를 유지함.

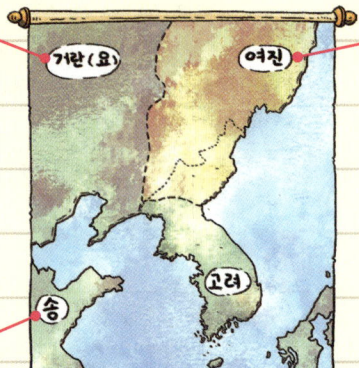

코리아로 알려진 고려는 무얼 수출하고 무얼 수입한 거지?

2 고려의 무역 관계

- **고려의 대외 무역**
  - ☑ 벽란도: 국제 무역항으로 송과 아라비아 등에서 온 상인들로 붐볐음.
  - ☑ 고려는 송과 가장 활발하게 무역 활동을 하였음.
  - = 고려는 송 외에도 주변의 여러 나라들과 활발하게 교류했군!

(2) 세계 속의 고려

✱ 대박! 고려 시대에 화폐가 있었다니!

3 고려의 화폐

■ 화폐를 만든 배경
- ✓ 외국과의 무역이 활발해지고, 상업과 수공업이 발전하자 화폐를 만듦.

■ 화폐의 사용
- ✓ 종류: 은병, 금속 화폐 ― 은병은 은으로 만든 호리병 모양의 화폐야!
- ✓ 화폐를 잘 사용하지 않고 무역할 때는 주로 은을 사용함.
- ✓ 나라 안에서는 화폐 대신 쌀과 옷감을 사용함.

✱ 고려의 국제 도시는 어디였을까?

4 국제 도시 개경

■ 개경
- ✓ 외국 사람들이 끊임없이 오가며 무역이 이루어졌음.
- ✓ 팔관회가 열리면 송, 여진, 아라비아 상인들도 참여함.
- ✓ 전국의 육로를 연결하는 도로가 개경을 중심으로 뻗어나감.
- ✓ 바다를 통해 외국으로 가는 무역로는 벽란도에서 시작됨.
  = 벽란도에서 개경까지는 거리가 가까워 무역항으로 제격이었어.
- ✓ 절이 많았고, 여러 불교 행사가 열림.
- ✓ 고려에 온 아라비아 상인들에 의해 고려의 이름이 '코리아'로 알려지기 시작함.
  = 한마디로 개경은 국제 도시였군.

 한국사 퀴즈

01 다음 빈칸에 들어갈 알맞은 말을 쓰세요.

1. ☐☐ 은(는) 중국의 북쪽 지역에 살던 유목 민족으로, 나라 이름을 '요'로 고치고 강대국으로 성장했다.
2. 여진은 요가 쇠퇴하자 힘을 키워 ☐ 을(를) 세우고 요를 멸망시켰다.
3. 고려의 대표적인 국제 무역항은 ☐☐☐ 이다.

02 알맞은 말을 골라 ○표 하세요.

1. 고려는 혼란기를 이겨내고 중국을 통일한 (아라비아 / 송)에 사신을 보내 정식으로 외교 관계를 맺었다.
2. 고려는 외국과의 무역이 활발해지고, 상업과 수공업이 발전하자 (문자 / 화폐)를 만들었다.
3. (아라비아 / 여진) 상인에 의해 고려가 '코리아'로 해외에 알려지게 되었다.

03 다음 지도에서 (가)~(다)에 들어갈 나라나 민족의 이름을 쓰세요.

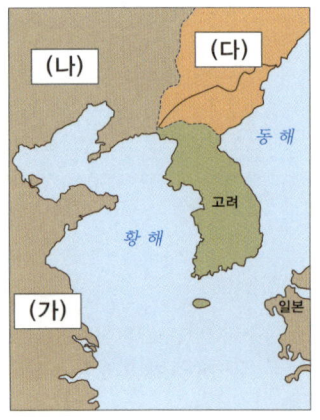

(가): _____
(나): _____
(다): _____

02. 세계와 활발하게 교류한 고려

한국사능력검정시험 기출문제

01 다음과 같은 무역 활동이 이루어진 고려 시대의 대표적인 항구는? [3점]
초급 제1회 (14번)

> 고려 시대 때 송, 일본 등과 무역을 하였던 무역항으로, 멀리 대식국(大食國) 상인(아라비아 상인)들도 무역을 위해 이 항구로 왔다. 이때, 대식국 상인들에 의해 우리나라가 서양에 처음 알려져 '코리아(COREA)'라고 지금도 불리고 있다.

① ㉠   ② ㉡   ③ ㉢   ④ ㉣

'푸른 파도가 넘실대는 나루'라는 뜻의 벽란도는 송과 일본, 아라비아 상인까지 와서 거래를 한 고려의 국제 무역항이었어요. 벽란도는 개경 근처의 예성강 하구에 위치하였어요.

02 오른쪽 (가), (나) 나라에서 고려로 들어온 공통된 주요 무역품으로 옳은 것은? [2점]
초급 제10회 (11번)

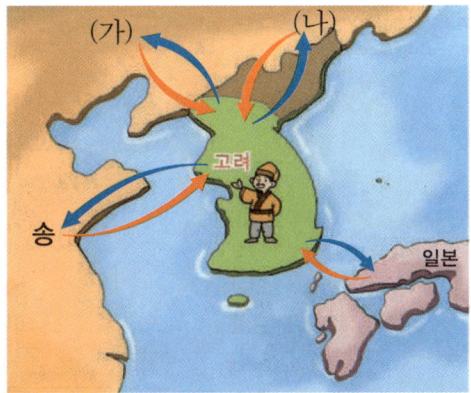

① 비단   ② 자기   ③ 서적   ④ 말

지도의 (가)는 거란, (나)는 여진이에요. 고려는 거란과 여진에 농기구, 곡식 등을 수출하였고, 은, 모피, 말 등을 수입하였어요.

고려는 송과 가장 활발하게 무역을 하였어요. 고려는 송에서 비단, 약재, 서적, 자기 등을 수입하였어요. 고려의 수출품 중 가장 인기 있는 것은 인삼이었어요.

03 밑줄 그은 '물품'으로 옳지 <u>않은</u> 것은? [2점]

초급 제23회 (15번)

① 차
② 비단
③ 서적
④ 인삼

상평통보는 조선 시대에 널리 쓰인 화폐예요. 고려 시대에는 화폐로 은병을 주로 사용하였어요.

04 (가)에 들어갈 내용으로 옳지 <u>않은</u> 것은? [3점]

초급 제28회 (22번)

① 상평통보가 널리 유통되었습니다.
② 절에서 종이와 기와를 만들어 팔았습니다.
③ 송에 인삼, 나전 칠기 등을 수출하였습니다.
④ 벽란도를 중심으로 활발하게 무역을 하였습니다.

05 (가)~(라)의 주요 수입품 중 옳지 않은 것은? [3점]
초급 제17회 (12번)

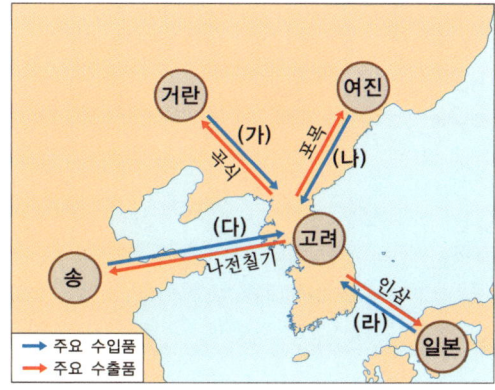

여진은 고려에 말과 화살 등을 수출하였고, 식량과 농기구 등을 수입하였어요. 한편 고려는 중국으로부터 서적, 비단 등을 수입하였고 일본으로부터 유황, 은 등을 수입하였습니다.

① (가)- 말　② (나)- 농기구　③ (다)- 비단　④ (라)- 유황

06 (가)에 들어갈 화폐로 옳은 것은? [3점]
초급 제23회 (20번)

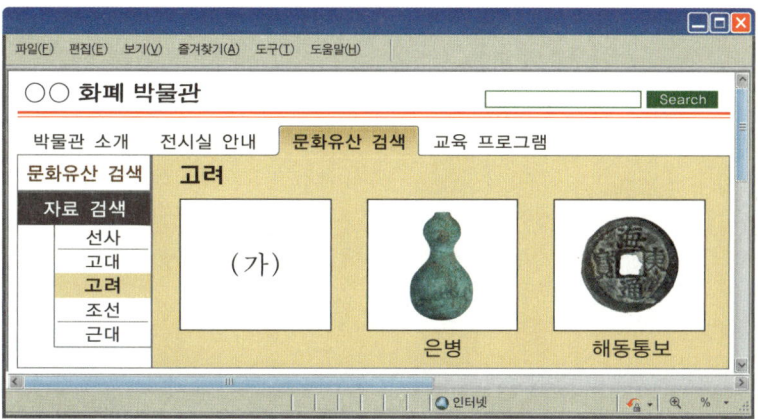

건원중보는 고려 성종 때 만들어진 우리나라 최초의 화폐예요.

①  건원중보　②  상평통보　③  십전통보　④ 백동화

2 세계와 활발하게 교류한 고려

※ 거란과 여진은 왜 고려를 침입했을까?

1 거란·여진의 침입과 극복

■ 3차에 걸친 거란의 침입과 극복

- ☑ 배경: 고려는 건국 초부터 북진 정책을 추진해 거란과 사이가 좋지 않았음.
- ☑ 고려가 송과 교류하자 거란은 총 3차에 걸쳐 고려를 침략함.

1차 침입	• 서희는 거란 장수 소손녕과 담판을 벌여 거란을 물러나게 함. • 그 결과 고려는 압록강 동쪽에 있는 여진을 몰아내고 강동 6주에 성을 쌓아 영토를 압록강까지 넓힘.
2차 침입	• 고려가 송과의 관계를 유지하자 다시 쳐들어옴. • 개경이 함락되기도 하였지만, 양규의 활약으로 거란군을 물리침.
3차 침입	• 거란은 다시 강동 6주를 돌려달라며 침입 • 이때 강감찬이 귀주에서 큰 승리를 거둠(1019년).

- ☑ 거란을 물리친 고려는 압록강에서 동해안까지 천리장성을 쌓아 적의 침입에 대비함.

■ 여진의 침입과 극복

- ☑ 배경: 여진은 고려를 부모의 나라로 섬기다가, 세력을 키운 후 고려 국경을 자주 침범함.
- ☑ 여진 정벌

윤관의 활약	윤관은 별무반이라는 부대를 이끌고 여진을 물리침.
동북 9성	여진을 몰아내고 차지한 땅에 9개의 성을 쌓고 고려의 영토로 삼음. 그러나 여진이 돌려달라고 청하며 계속 침입하자 다시 돌려줌.

= 어렵게 확보한 영토를 다시 돌려주다니…. 너무 아깝다~

(3) 북방 민족의 침입과 극복

도대체 고려는 몇 번이나 침입을 당한거야? 이걸 또 다 막아내다니!

2. 몽골의 침략과 고려의 저항

■ 몽골의 침략
- ☑ 고려에 무신 정권이 들어서고 무신들이 권력 다툼을 벌이는 사이에, 세계적인 대제국으로 성장한 몽골이 고려를 위협함.
- ☑ 고려는 여러 차례에 걸친 몽골의 침입을 귀주성(1차), 처인성(2차), 충주성(3차)에서 막아 냄.
  = 승려 김윤후의 활약!!
- ☑ 1차 침입 후, 고려는 도읍을 강화도로 옮김.
- ☑ 몽골과의 오랜 전쟁으로 고려의 국토가 황폐해지고, 초조대장경과 황룡사 9층 목탑 등의 문화재가 불탐.

■ 개경 환도와 삼별초의 항쟁
- ☑ 개경 환도: 고려는 도읍을 다시 개경으로 옮기고 몽골과 화친을 맺음.
- ☑ 삼별초의 항쟁: 삼별초는 개경으로 돌아가지 않고 몽골과 끝까지 싸움 → 그러나 결국 진압됨
  = 삼별초는 원래 치안의 임무를 맡은 군대였지만, 몽골에 저항하는 과정에서 정규군으로 편성되었군.

■ 원의 간섭
- ☑ 몽골은 나라를 세우고 원이라 하였음.
- ☑ 원은 고려의 정치에 간섭하기 시작함(고려에 원의 관청을 설치하고, 고려의 왕자를 인질로 삼아 데려감).

■ 공민왕의 개혁
- ☑ 원에서 돌아온 후 당시 유행하던 몽골의 풍습을 버림.
  - 몽골식 옷, 몽골식 머리 등
- ☑ 원이 빼앗은 고려의 땅을 되찾아 나라의 힘을 키우기 위해 노력함.
  = 쌍성총관부를 공격하여 철령 이북의 땅을 되찾았지.

한국사 퀴즈

01 다음 빈칸에 들어갈 알맞은 말을 쓰세요.

1. 거란의 1차 침입 때 ☐☐ 은(는) 외교 담판을 벌여 거란을 물리쳤다.
2. 고려는 거란의 1차 침입을 물리친 후 ☐☐☐ 에 성을 쌓아 영토를 압록강까지 넓혔다.
3. 거란의 3차 침입 때 ☐☐☐ 이 후퇴하는 거란군을 추격하여 귀주에서 크게 승리하였다.

02 알맞은 말을 골라 ○표 하세요.

1. 윤관은 (**별무반** / **삼별초**)을(를) 이끌고 압록강 부근에 있던 여진을 몰아냈다.
2. (**별무반** / **삼별초**)은(는) 고려 조정이 몽골과 강화를 맺었음에도 개경으로 돌아가지 않고 몽골과 끝까지 싸웠다.
3. 원이 점차 쇠퇴하자 (**공민왕** / **공양왕**)은 원의 간섭에서 벗어나기 위해 개혁을 추진하고 쌍성총관부를 공격하여 영토를 확보하였다.

03 다음 빈칸에 공통으로 들어갈 인물의 이름을 쓰세요.

> ☐☐☐ 은(는) 승려 출신의 장수로 몽골군의 침략에 맞서 싸웠어요. 처인성에서는 몽골 장수 살리타를 죽이는 데 앞장섰어요. 그 후 충주성 전투에서는 노비 문서를 불태우며 백성들을 응원했지요. 이러한 ☐☐☐ 의 활약으로 고려는 몽골군의 침입을 막아낼 수 있었어요.

한국사능력검정시험 기출문제

01 (가) 지역에 대한 설명으로 옳은 것은? [3점]

초급
제15회
(10번)

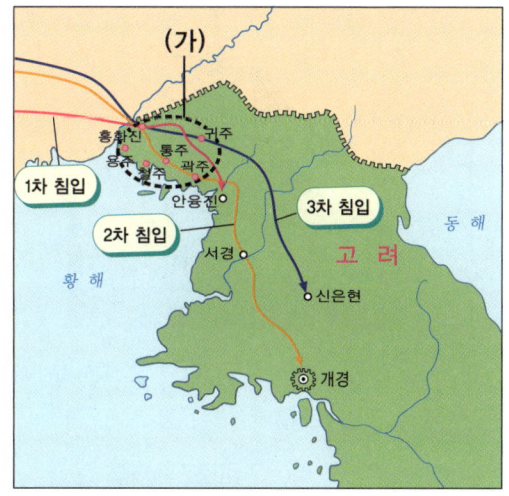

거란의 1차 침입 때 서희는 거란 장수 소손녕과 담판을 벌여 거란을 물리치고, 강동 6주에 성을 쌓아 영토를 압록강까지 넓혔어요.

① 윤관이 정벌하여 개척하였다.
② 공민왕이 무력으로 되찾았다.
③ 서희가 외교 담판으로 획득하였다.
④ 태조가 북진 정책으로 회복하였다.

02 다음 가상 일기의 밑줄 그은 '나'의 활동으로 옳은 것은? [2점]

초급
제29회
(14번)

> ○○○○년 ○○월 ○○일
>
> 드디어 국경 주변을 어지럽히던 여진을 몰아냈다. 나의 건의로 만들어진 별무반이 있었기에 가능했다. 기병을 보강하여 만든 별무반은 말을 타고 싸우는 여진을 물리치기에 적합하였다. 우리 병사들의 노고에 큰 고마움을 느낀다.

여진은 고려를 부모의 나라로 섬기다가 세력을 키워 고려의 국경을 자주 위협하였어요. 이에 윤관은 별무반이라는 부대를 만들어 여진을 몰아내고, 동북 9성을 쌓아 고려의 영토로 삼았어요.

① 동북 9성을 쌓았다.
② 4군 6진을 개척하였다.
③ 강동 6주를 획득하였다
④ 백두산 정계비를 세웠다.

거란의 3차 침입 때 강감찬은 후퇴하는 거란군을 추격하여 귀주에서 큰 승리를 거두었어요.

03 다음 설명에 해당하는 인물로 옳은 것은? [2점]

초급
제18회
(14번)

- 낙성대(서울특별시 관악구)에서 태어남.
- 문과에 장원 급제함.
- 귀주에서 거란군을 크게 무찌름.

① 양규　② 장보고　③ 강감찬　④ 최무선

삼별초는 원래 최씨 무신 정권의 사병이었는데, 몽골의 침략에 맞서 마지막까지 싸웠어요.

04 (가)에 들어갈 내용으로 옳은 것은? [2점]

초급
제20회
(14번)

□□ 신문

제△△호　　　　　　　○○○○년 ○○월 ○○일

[(가)] 공원 개장

　전라남도 진도군은 고려 시대 몽골의 침략에 맞서 이곳에서 싸웠던 군대의 역사적 의미를 되새기기 위해 그 이름을 딴 공원을 만들었다. 공원의 홍보관에는 몽골과 싸운 역사를 알 수 있는 각종 자료가 전시되어 있다.

① 별기군　② 장용영　③ 별무반　④ 삼별초

05 밑줄 그은 '이 시기'의 사실로 옳지 않은 것은? [3점]

① 변발이 유행하였다.
② 비변사가 강화되었다.
③ 정동행성이 설치되었다.
④ 권문세족이 지배층이 되었다.

몽골의 침략에 맞서 저항하였던 고려는 결국 몽골과 강화를 맺고 전쟁을 끝냈어요. 이후 원은 고려의 왕자들을 비롯하여 많은 사람들을 인질로 끌고 가고, 정동행성을 설치하여 고려의 정치에 간섭하였어요. 이때 정치를 주도한 세력이 원에 기대어 성장한 권문세족이에요. 이 시기에 고려와 원의 교류가 활발해져 고려에서는 몽골의 풍습이 유행하기도 하였어요.

06 (가)에 들어갈 내용으로 적절한 것은? [2점]

공민왕

① 원나라의 관청을 늘려야 합니다.
② 유행하고 있는 몽골식 옷을 입도록 하십시오.
③ 원나라가 차지한 우리 땅을 되찾아야 합니다.
④ 왕세자를 원나라로 보내 문물을 배워 오도록 하십시오.

원의 세력이 쇠퇴하자 공민왕은 원의 간섭에서 벗어나기 위해 개혁을 추진하였어요. 당시 유행하던 몽골식 풍습을 버리고 고려의 전통을 되살리고자 하였으며, 원이 빼앗은 고려의 땅을 되찾았어요.

2 세계와 활발하게 교류한 고려

✲ 불교는 어떤 역할을 했을까?

1 불교문화 속에 나타난 고려 사람들의 생활 모습

■ 불교의 발전
- ☑ 고려의 불교는 왕실의 보호와 지원을 받으면서 크게 발전
- ☑ 연등회와 팔관회 같은 불교 행사를 국가적 차원에서 개최함.

■ 고려가 불상을 만든 이유
- ☑ 후삼국 통일의 업적을 기리고, 고려 건국의 정당성을 알리기 위해
- ☑ 백성들이 불상을 보며 고려 왕실에 믿음과 존경심을 가지도록 하기 위해
- ☑ 지역 사람들의 마음을 모으고, 사람들에게 영향력을 미치고자 하기 위해

■ 절의 역할
- ☑ 절에서 물건을 사고팔기도 하여 많은 상인들이 모여듦.
- ☑ 왕실과 귀족으로부터 받은 땅 + 경제 활동으로 넓은 땅을 소유함.
- = 절은 종교적 장소였을 뿐만 아니라 경제 활동의 중심지였지.

✲ 세계적 문화유산 탄생!

2 문화재를 통해 본 고려 문화의 우수성

■ 고려청자
- ☑ 푸른빛이 감도는 고려 시대 대표적인 예술품
- ☑ 우리 조상들의 기술을 바탕으로 송의 기술이 더해짐.
- ☑ 주로 귀족들이 사용
- ☑ 독창적인 상감 기법 사용

■ 나전 칠기
- ☑ 조개껍데기로 만든 화려한 예술품
- ☑ 귀족들은 나전 칠기로 장식용 그릇, 장롱, 상자들을 만듦.

(4) 고려 문화의 발전

📗 대장경 제작
- ☑ 초조대장경: 거란의 침입을 물리치기 위해 만들었으나, 몽골의 침입으로부터 불타 없어짐.
- ☑ 팔만대장경: 초조대장경이 불타 없어지자, 불교의 힘으로 몽골의 침략을 이겨 내고자 16년에 걸쳐 대장경판을 다시 만듦.
= 역시 고려는 불교의 나라야~.

📗 금속활자
- ☑ 고려는 세계 최초로 금속 활자 발명
- ☑ 직지심체요절: 현재 남아 있는 가장 오래된 금속 활자로, 세계 기록 유산에 등재!

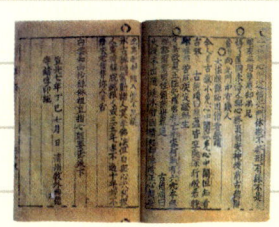
▶ 직지심체요절

과학은 고려 사람들의 생활에 어떤 영향을 미쳤을까?

3 과학 기술의 발전에 따른 생활 모습 변화

📗 목화의 재배와 의생활의 변화
- ☑ 문익점이 원에서 목화씨를 가져와 재배에 성공하여 목화 재배법을 전국에 알림.
- ☑ 백성들이 목화솜으로 만든 옷과 이불을 사용하여 겨울을 따뜻하게 보낼 수 있게 됨.
= 이후 목화를 이용해 면직물을 만드는 기술이 발달했어.

📗 화약의 제조로 변화된 생활
- ☑ 고려 말 왜구가 자주 쳐들어와 많은 백성들이 피해를 입음.
- ☑ 최무선이 노력 끝에 화약 만드는 방법을 알아내는 데 성공함.
- ☑ 최무선의 건의로 화약과 무기를 만드는 관청을 설치하고, 여러 가지 화포를 만듦.
- ☑ 진포(군산)에서 왜구를 크게 물리침.

한국사 퀴즈

01 다음 빈칸에 들어갈 알맞은 말을 쓰세요.

1. 고려 시대에는 부처와 토속신에게 나라의 평안을 비는 ☐☐☐ 이(가) 국가적인 행사로 개최되었다.
2. 고려 시대에 ☐ 은(는) 종교적 장소였을 뿐 아니라 경제 활동도 이루어지던 곳이었다.
3. 조개껍데기로 만든 공예품으로, 고려의 뛰어난 공예 기술을 보여 주는 것은 ☐☐☐☐ 이다.

02 알맞은 말을 골라 ○표 하세요.

1. 오늘날 세계에서 가장 오래된 금속 활자본은 (**직지심체요절** / **독일 구텐베르크의 성경**)이다.
2. 고려는 불교의 힘으로 몽골의 침략을 이겨 내고자 (**상감청자** / **대장경판**)을(를) 만들었다.
3. 고려 말 최무선은 (**왜구** / **거란**)을(를) 물리치기 위해 화약을 만들었다.

03 다음 빈칸에 공통으로 들어갈 단어를 쓰세요.

> 문익점은 원의 사람들이 ☐☐(으)로 지은 옷으로 겨울을 따뜻하게 지내는 모습을 보고 ☐☐ 씨를 고려로 가져와 ☐☐ 재배법을 전국에 알렸습니다. 그 결과 백성들은 ☐☐ 솜으로 만든 옷과 이불을 사용하여 겨울을 따뜻하게 보낼 수 있게 되었습니다.

02. 세계와 활발하게 교류한 고려

한국사능력검정시험 기출문제

01 밑줄 그은 '이 행사'에 대한 설명으로 옳은 것은? [3점]

초급
제28회
(13번)

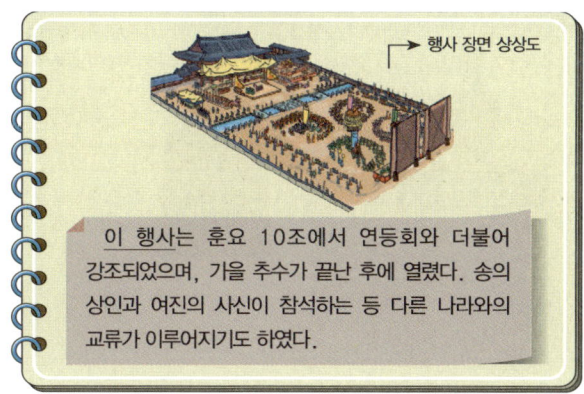

→ 행사 장면 상상도

이 행사는 훈요 10조에서 연등회와 더불어 강조되었으며, 가을 추수가 끝난 후에 열렸다. 송의 상인과 여진의 사신이 참석하는 등 다른 나라와의 교류가 이루어지기도 하였다.

① 쌍기의 건의로 시작되었다.
② 제사장인 천군이 주관하였다.
③ 공자를 모신 문묘에서 매년 행해졌다.
④ 불교는 물론 다양한 종교와 사상이 어우러졌다.

> 팔관회는 원래 부처를 믿는 사람들이 8가지 규칙을 실천하는 의식이었어요. 고려 시대에는 전통 신앙과 결합하여 토속신에게 제사를 지내고 나라의 평안을 비는 행사로 성격이 바뀌었어요.

02 다음 가상 인터뷰에서 (가)에 들어갈 내용으로 적절하지 <u>않은</u> 것은? [2점]

초급
제27회
(12번)

> 고려 시대의 절에서는 경제 활동도 하였나요?

> 네, 그렇습니다.
> (가)

① 종이와 기와를 만들어 팔았습니다.
② 청화 백자를 만들어 판매하였습니다.
③ 여행자를 위한 숙소를 운영하였습니다.
④ 땅과 곡식을 빌려주고 대가를 받았습니다.

> 고려 시대에 절은 종교적 장소였을 뿐만 아니라 경제 활동도 이루어지던 곳이었어요. 물건을 사고팔기도 하였고, 고리대업이나 여행자를 위한 숙소를 운영하기도 하였지요. 한편, 청화 백자는 조선 시대에 주로 만들었어요.

고려청자는 고려 시대의 대표적인 예술품이에요. 고려 시대에는 연등회, 팔관회 등의 불교 행사가 국가적인 차원에서 열렸어요.

03 다음 문화유산이 만들어진 시대의 모습으로 옳은 것은? [2점]
초급
제18회
(15번)

청자 참외 모양 병

당시 사람들은 이러한 도자기의 푸른 빛을 비색이라고 했습니다.

① 각지에 서원이 설립되었다.
② 판소리와 탈놀이가 유행하였다.
③ 연등회, 팔관회가 널리 행하여졌다.
④ 자명종과 같은 서양 문물이 전래되었다.

몽골의 침입 때 고려 사람들은 불교의 힘으로 몽골의 침략을 이겨 내고자 16년에 걸쳐 대장경판을 만들었어요. 대장경판은 현재 경상남도 합천 해인사에 보관되어 있으며, 글자 모양이 고르고 보존 상태가 뛰어나 고려 목판 인쇄술의 높은 수준을 보여 주어요.

04 밑줄 그은 '문화유산'으로 옳은 것은? [2점]
초급
제19회
(17번)

6·25 전쟁이 한창이던 1951년 8월 어느 날, 공군 편대장 김영환 대령은 가야산을 폭격하라는 명령을 받았다. 부대를 이끌고 가야산에 도착한 김영환 대령은 단 한 발의 폭탄도 투하할 수 없었다. 이곳에는 부처님의 힘으로 나라를 지키려 했던 고려인의 정신이 깃든 <u>문화유산</u>이 있기 때문이다.

김영환

①
직지심체요절

②
팔만대장경판

③
수월관음도

④
논산 관촉사 석조 미륵보살 입상

64 02. 세계와 활발하게 교류한 고려

05 다음 가상 명함의 (가)에 들어갈 인물로 옳은 것은? [2점]

초급
제19회
(16번)

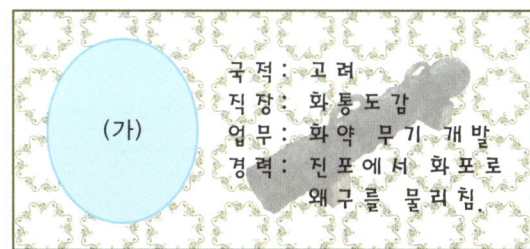

국적: 고려
직장: 화통도감
업무: 화약 무기 개발
경력: 진포에서 화포로 왜구를 물리침.

①  최영

②  강감찬

③  정몽주

④  최무선

고려 말에는 왜구가 자주 쳐들어와 많은 백성들이 피해를 입었어요. 이에 최무선은 왜구를 물리치기 위해 오랜 노력 끝에 화약 만드는 법을 알아내는 데 성공하였어요.

06 (가)에 들어갈 인물로 옳은 것은? [2점]

초급
제18회
(18번)

역사 신문

제△△호　　　　　○○○○년 ○○월 ○○일

(가), 의생활에 큰 변화를 가져오다.

고려 말에 목화 재배가 성공하여 사람들의 의생활이 변화되었다. 백성들은 목화로 만든 솜옷과 솜이불로 겨울을 따뜻하게 보낼 수 있게 되었다.

① 우륵　② 문익점　③ 이차돈　④ 장영실

문익점은 원의 사람들이 목화로 지은 옷을 입고 겨울을 따뜻하게 지내는 모습을 보고 목화 씨를 고려에 가져와 목화 재배법을 전국에 널리 알렸어요.

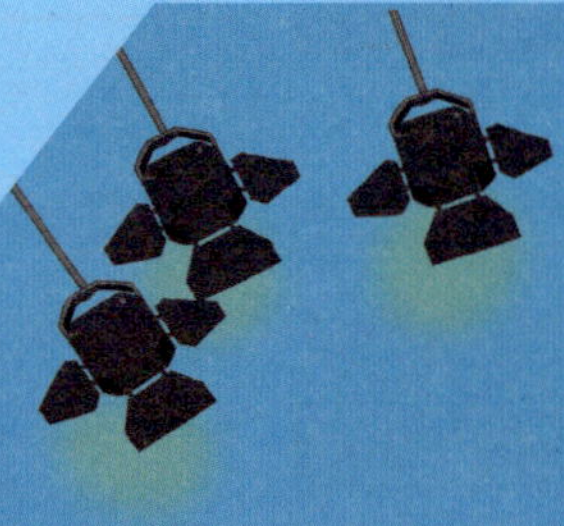

03 유교 문화가 발달한 조선

1. 조선의 건국
2. 조선의 문화와 과학의 발전
3. 유교의 전통과 생활
4. 임진왜란과 병자호란

3 유교 문화가 발달한 조선

※※ 새로운 세력의 등장으로 조선이 탄생하다!

1 조선의 건국 과정

건국 과정
- ☑ 고려 말, 사회가 혼란스러워지자 신진 사대부(고려 사회를 개혁하려는 세력)와 신흥 무인 세력(홍건적과 왜구를 물리치는 과정에서 나타난 무인 세력)이 힘을 합침.
- ☑ 신진 사대부와 신흥 무인 세력은 권문세족이 가지고 있던 토지를 몰수하고, 토지 제도를 개혁함.
- ☑ 요동 정벌을 위해 출정한 이성계가 위화도에서 군사를 돌려 정변을 일으키고 정권을 잡음.
- ☑ 이성계의 아들 이방원이 고려 왕조의 유지를 주장하던 정몽주를 제거함.
- ☑ 이성계가 왕위에 오름.

※※ 도읍을 한양으로 정한 이유?

2 조선의 수도 한양

한양을 도읍으로 정한 까닭
- ☑ 나라의 중심에 있어 육로 교통이 편리
- ☑ 한강이 있어 수로 교통이 편리
- ☑ 산으로 둘러싸여 외적 방어에 유리
- ☑ 주변의 넓은 평야

= 서울이 도읍으로 선정된 이유가 이렇게 많았군!

도읍 세우기

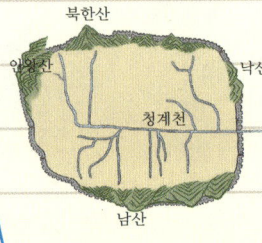  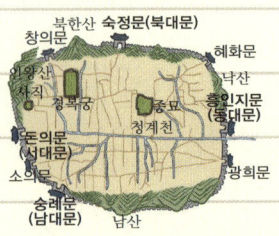 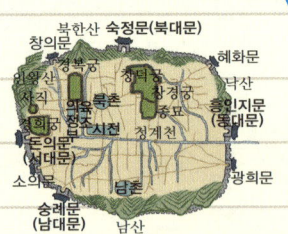

▲ 한양이 수도로서의 모습을 갖춰가는 모습

(1) 조선의 건국

※ 나라의 기틀을 세우기 위해 어떤 제도를 만들었을까?

3 태종의 왕권 강화 노력

■ 태종의 왕권 강화 정책
- ☑ 사병 철폐: 왕족이나 신하들이 개인적으로 거느리던 병사를 없앰. = 왕권을 강화할 수 있었겠군.
- ☑ 전국을 8개의 도로 나눔: 나라를 효과적으로 다스리기 위해 전국을 8개의 도로 나누고 관찰사를 보냄.
  = 왕이 직접 지방을 다스리는 효과가 있었겠군.
- ☑ 호패법 실시: 16세 이상의 남자는 모두 호패를 차고 다니도록 함.
  = 인구를 정확하게 파악할 수 있게 되어 인력 동원과 세금 부과를 철저히 할 수 있지.

※ 조선 시대의 교육은 누구에게, 어떤 목적으로 이루어졌을까?

4 교육 제도와 과거 제도

■ 교육 제도
- ☑ 목적: 유학을 가르치고 관리를 양성하기 위해.
- ☑ 교육 대상: 천민이 아니라면 누구나! 실제로는 양반 자제 중심으로 이루어짐.
- ☑ 교육 기관

서당	『천자문』, 『소학』 등을 가르침. 오늘날의 초등학교에 해당
향교	지방에 세워진 중등 교육 기관으로 유학을 가르침.
성균관	한양에 있었던 최고 교육 기관으로 오늘날 대학에 해당

■ 과거 제도
- ☑ 문과: 유학 경전에 관한 지식이나 문장을 짓는 능력을 평가하였고, 합격하면 성적에 따라 관직을 받음. 과거 중 가장 중시됨.
- ☑ 무과: 무관을 뽑는 시험, 말타기와 활쏘기 등을 평가
- ☑ 잡과: 의학, 법률 등과 관련된 일을 하는 기술관을 뽑는 시험

한국사 퀴즈

01 다음 빈칸에 들어갈 알맞은 말을 쓰세요.

1. 고려 말 성리학을 바탕으로 성장한 ☐☐ ☐☐☐ 은(는) 신흥 무인 세력과 함께 고려 사회를 개혁하려고 하였다.
2. 이성계는 ☐☐☐ ☐☐ 을(를) 통해 정치적 실권을 잡았다.
3. 이성계는 고조선을 계승한다는 뜻에서 나라 이름을 ☐☐ (이)라 하였다.

02 알맞은 말을 골라 O표 하세요.

1. 고려 후기에 벼슬이 높고 권력이 있던 집안을 (권문세족 / 홍건적)이라고 한다.
2. 이성계는 나라의 모습과 분위기를 새롭게 하기 위해 (한양 / 개성)을 도읍으로 삼았다.
3. 태종은 16세 이상의 남자는 모두 (칼 / 호패)을(를) 차고 다니도록 했는데, 이는 나라에서 인구를 정확하게 파악하기 위함이었다.

03 다음 빈칸에 들어갈 조선 시대의 교육 기관을 각각 쓰세요.

(1) ( )	천자문, 소학 등을 가르치며, 오늘날의 초등학교에 해당함.
(2) ( )	지방에 세워진 중등 교육 기관으로 유학을 가르침.
(3) ( )	한양에 있었던 최고 교육 기관으로 오늘날 대학에 해당함.

01 (가)에 들어갈 내용으로 옳지 않은 것은? [3점]

초급
제26회
(24번)

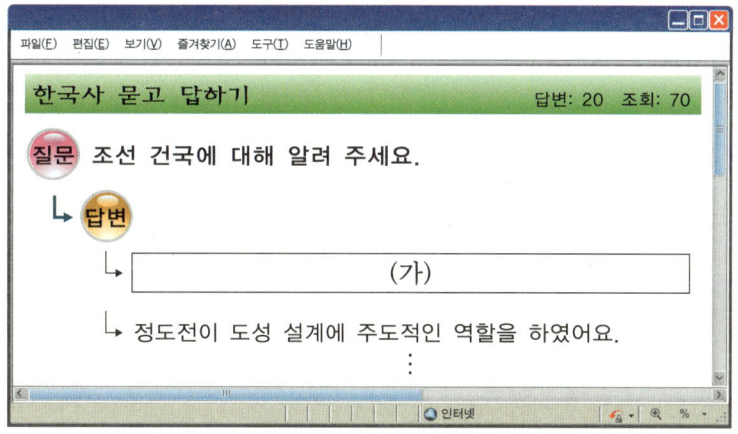

고려 말 나라 안팎이 혼란해지자 신진 사대부와 신흥 무인 세력이 손을 잡고 새로운 나라를 세우고자 하였어요. 이렇게 세워진 나라가 조선이랍니다.

① 이성계가 나라를 세웠어요.
② 호족이 건국의 중심 세력이었어요.
③ 유교가 국가 통치의 근본이념이었어요.
④ 나라 이름은 고조선을 계승한다는 뜻에서 조선이라 했어요.

02 다음은 어느 초등 학교 수업 시간의 토론 내용이다. 밑줄 친 주장의 근거로 적절하지 않은 것은? [3점]

6급
제1회
(18번)

> 토론 주제 : 내가 만약 조선의 태조 이성계가 된다면, 도읍지를 어디로 정할 것인가?
>
> • 한결 : <u>도읍지를 한양으로 정해야 합니다.</u>
> • 유빈 : 도읍지를 한양으로 정하면 안 됩니다.

한양은 나라의 중심에 있으며, 한강이 있어 육로 및 수로 교통이 편리하였어요. 또, 산으로 둘러싸여 외적 방어에 유리하였고, 주변에 넓은 평야가 있어 도읍으로 적합하였지요.

① 중국과의 교역에 유리한 바닷가에 위치해 있다.
② 외적의 침입을 방어하기에 좋은 산을 끼고 있다.
③ 한반도 중앙에 위치하여 전국을 통치하기 쉽다.
④ 생활용수, 농업용수를 쉽게 얻을 수 있는 큰 강을 끼고 있다.

화랑도는 신라의 청소년 수련 단체로 여러 신분이 어우러져 활동하였어요. 조선 시대에는 유교를 정치 사상으로 받아들여 유교 경전 공부, 관혼상제의 예절이 정착되었습니다.

03 조선 시대 사회 모습으로 옳지 <u>않은</u> 것은? [1점]

5급 제2회 (19번)

①
관리가 되려면 유교 경전을 공부해야 돼.

②
전국을 8도로 나누었어!

③
돌아가신 부모님을 극진히 모셔야지!

④
화랑도에 소속되어 훈련을 받았어!

정도전은 이성계를 도와 조선을 건국하고 새로운 도읍인 한양을 건설하는 데 중요한 역할을 하였어요. 그는 유교의 가르침에 따라 나라를 다스려야 한다고 주장하였어요. 이에 따라 서울의 성문에 유교에서 강조하는 덕목을 반영하여 이름을 붙였어요.

04 다음 조사 보고서의 (가)에 들어갈 내용으로 옳은 것은? [2점]

초급 제9회 (13번)

조사 보고서

- 조사 대상 : 서울의 성문
- 조사 내용 : 서울의 성문 이름에 담긴 뜻
- 조사를 통해 알게 된 점

번호	이름	이름에 담긴 뜻	알게 된 점
1	흥인지문	어진 마음을 높여라.	서울의 성문 이름에 공통으로 (가) 이 나타나 있음을 알 수 있었다.
2	돈의문	의를 돈독히 하라.	
3	숭례문	예를 숭상하라.	

① 유교 사상 ② 불교 사상
③ 도교 사상 ④ 동학 사상

05 다음 설명에 해당하는 장소로 옳은 것은? [2점]

초급
제22회
(21번)

이 곳은 역대 왕과 왕비의 신주를 모셔 놓고 제사를 지내는 곳입니다.

① 종묘　　② 사직단　　③ 성균관　　④ 환구단

종묘는 조선 시대 왕과 왕비의 신주를 모신 사당이에요. 신주는 죽은 사람의 이름을 적은 나무패를 뜻해요.

06 다음 그림을 설명한 것 중에서 <u>잘못</u> 말한 사람은? [2점]

5급
제1회
(15번)

① 민수: 이것의 이름은 호패라고 해.
② 철수: 모든 백성들이 가질 수 있었어!
③ 지영: 16세 이상의 남자면 이것을 가지고 다녀야 해
④ 선현: 오늘날의 주민 등록증과 같은 신분증 역할을 했어.

제시된 사진은 호패예요. 호패는 조선 시대에 16세 이상의 남자가 차고 다니던 신분증으로, 지위나 직업, 사는 곳 등이 적혀 있었어요. 이를 통해 나라에서는 인구를 파악하여 인력 동원과 세금 부과를 철저히 할 수 있었어요.

3 유교 문화가 발달한 조선

조선의 외교 관계는 어땠을까?

1 조선의 외교 관계

■ 사대교린의 외교 정책

- ☑ 사대: 큰 나라를 섬긴다는 뜻 → 명과 맺은 관계
- ☑ 교린: 이웃 나라와 잘 지낸다는 뜻 → 일본, 여진과 맺은 관계
- ☑ 조선 초기의 외교 관계

명	• 조선 초기에 대립하였으나, 태종 이후 좋은 관계 유지 • 조선은 명으로부터 필요한 문물을 받아들임.
일본	• 조선 초기에 일본과 교류했으나, 시간이 지나면서 왜구가 침입 • 세종 때 왜구를 소탕하기 위해 쓰시마 섬을 정벌함.
여진	• 조선 초기에는 좋은 관계 유지했으나, 식량과 생활 필수품 등을 얻기 위해 자주 국경을 넘어옴. • 세종은 여진을 정벌해 4군 6진 설치

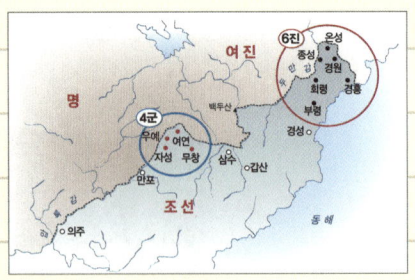
▶ 4군 6진

■ 조선 전기의 무역 활동

상대국	수출품	수입품
명	인삼, 모시, 화문석	비단, 약재, 서적, 도자기
일본	곡식, 의복, 서적	구리, 황
여진	곡식, 농기구	말, 모피, 은

(2) 조선의 문화와 과학의 발전

세종 대에 문화와 과학이 활짝 피어나다!

2. 조선의 문화 발전을 위한 세종의 노력

■ 집현전 운영
- ✓ 훌륭한 학자를 키워 내고 활발한 학문 연구를 위해 만듦.
- ✓ 여러 가지 연구를 함께 하여 유교와 관련된 책을 펴냄.
- ✓ 지도를 제작하고 활자를 만드는 데 기여함.

■ 훈민정음 창제
- ✓ 뜻: 백성을 가르치는 바른 소리
- ✓ 만든 까닭: 백성이 쉽게 배우고 사용할 수 있는 문자를 만들고자 했음.
- ✓ 특징: 과학적인 원리에 따라 만들어져 배우기 쉽고 거의 모든 소리를 적을 수 있음.
= 세계에서 가장 과학적인 문자가 한글이래~!

아무래도 세종은 천재인듯!

3. 세종 대의 과학 기술 발전

■ 과학 기구의 발명
- ✓ 과학자 장영실을 등용.

 ▲ 측우기　　 ▲ 앙부일구　　 ▲ 혼천의

= 과학 기술의 발전에 애쓴 이유는 농사가 잘 되게 하기 위한 것이래!

한국사 퀴즈

01 다음 빈칸에 들어갈 알맞은 말을 쓰세요.

1. 조선 초기에는 '큰 나라는 섬기고 이웃 나라와 친하게 지내는 ☐☐☐ ☐의 외교 정책'을 실시하였다.
2. 조선은 건국 초기에 ☐와(과) 대립하였으나, 태종 이후 좋은 관계를 유지하였다.
3. 세종은 여진을 정벌하고 ☐☐☐을(를) 설치하여 압록강과 두만강까지 영토를 넓혔다.

02 알맞은 말을 골라 ○표 하세요.

1. 세종은 활발한 학문 연구를 위하여 (성균관 / 집현전)을 운영하였다.
2. 세종은 백성이 쉽게 배우고 사용할 수 있도록 (훈민정음 / 한자)을(를) 만들었다.
3. (농사직설 / 경국대전)은 농민의 오랜 경험을 모아 정리한 책으로, 조선의 현실에 잘 맞는 농사법이 소개되어 있다.

03 다음 과학 기구와 쓰임새를 선으로 바르게 연결하세요.

(1) 간의   •   • ㉠ 해시계
(2) 자격루 •   • ㉡ 물시계
(3) 측우기 •   • ㉢ 천체 관측 기구
(4) 앙부일구 •   • ㉣ 강우량 측정 기구

한국사능력검정시험 기출문제

01 다음 학생이 생각하고 있는 기관으로 옳은 것은? [2점]
초급 제26회 (27번)

조선 시대에 세종은 젊은 학자들이 학문 연구에 몰두할 수 있도록 집현전을 운영하였어요.

① 외금부 ② 집현전 ③ 춘추관 ④ 홍문관

02 (가)를 만든 왕의 업적으로 옳은 것은? [2점]
초급 제18회 (23번)

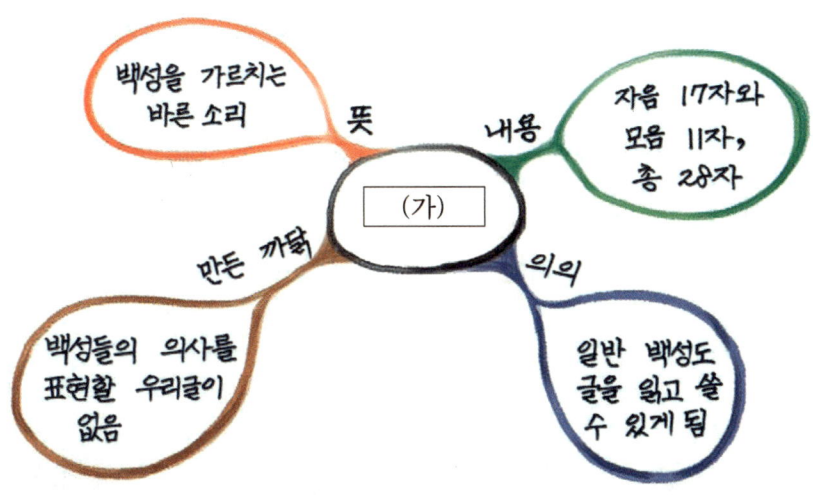

훈민정음(한글)은 백성을 가르치는 바른 소리라는 뜻으로 세종이 직접 만들어 반포하였어요. 세종 대에는 과학 기술도 크게 발전하여 측우기, 혼천의, 간의, 앙부일구, 자격루 등과 같은 과학 기구들이 만들어졌어요.

① 화성 건설 ② 측우기 제작
③ 탕평책 실시 ④ 경국대전 완성

조선은 유교 중심의 국가였기 때문에 불교는 국가적으로 장려되지 않았어요.

03 다음 그림은 세종 대왕의 업적을 뇌 구조도로 표현해 본 것이다. ㉠ ~ ㉣ 중에서 옳지 <u>않은</u> 것은? [3점]

초급 제6회 (14번)

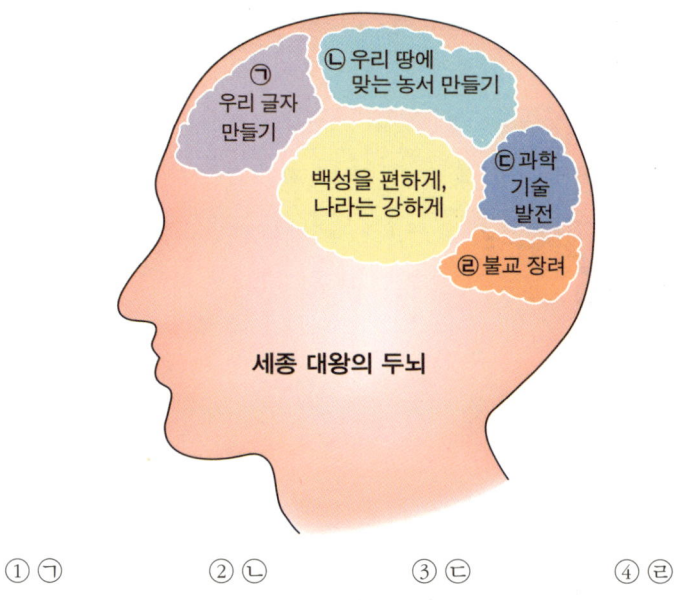

① ㉠ ② ㉡ ③ ㉢ ④ ㉣

앙부일구는 해의 그림자를 이용하여 시각을 측정하는 해시계예요.

04 (가)에 위치할 문화유산으로 옳은 것은? [2점]

초급 제30회 (27번)

① 자명종

② 측우기

③ 혼천의

④ 앙부일구

78 03. 유교 문화가 발달한 조선

05 다음 설명에 해당하는 문화유산으로 옳은 것은? [2점]

①    ②

③    ④

06 (가)에 전시할 문화유산으로 옳은 것은? [3점]

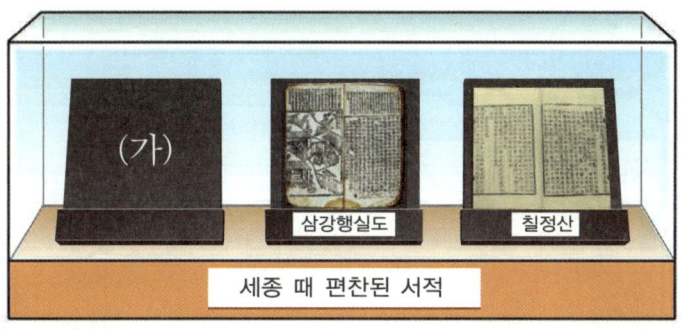

①  ②  ③  ④

농사직설   악학궤범   동의보감   신증동국여지승람

3 유교 문화가 발달한 조선

고려는 불교, 조선은 유교!

1 조선이 유교를 나라의 근본으로 삼게 된 배경

- ☑ 신진 사대부는 고려 말 불교가 타락해 가는 것을 보고 윤리와 명분을 강조하는 성리학을 바탕으로 고려를 개혁하고자 함.

유교는 어떤 성격인지 궁금하군

2 조선 시대의 유교 전통

■ 유교 전통에 따른 법전과 왕의 생활
- ☑ 『경국대전』: 조선 최고의 법전으로 성종 때 반포됨. 사회 질서를 유지하는 데 중요한 역할을 함.
- ☑ 왕의 생활: 효를 실천하여 아침 일찍 왕실의 어른께 인사드림, 유교의 가르침에 따라 백성을 먼저 생각하여 나랏일을 결정함.

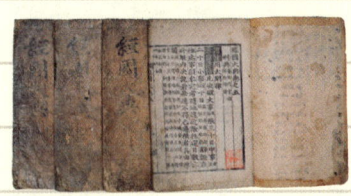
▲ 『경국대전』

■ 유교 전통에 따른 백성들의 생활
- ☑ 삼강오륜 실천: 나라에 충성, 부모와 웃어른을 공경, 남녀 간의 도리를 지킴.
- ☑ 『삼강행실도』: 우리나라와 중국의 충신, 효자, 열녀의 이야기를 담은 책
- ☑ 관혼상제: 유교 예절에 따른 백성의 집안 행사
  - 관례: 15세가 넘으면 어른이 되었음을 알리는 성년식
  - 혼례: 어른이 된 처녀, 총각이 혼례를 치러 부부가 됨.
  - 상례: 사람이 죽으면 상복을 입고 장례를 치름.
  - 제례: 조상님을 기리며 제사를 지냄.
  = 유교의 생활 문화가 백성들에게까지 널리 전파가 되었군.

(3) 유교의 전통과 생활

✱✱ 신분에 따라 하는 일도 달랐을까?

3 조선 시대의 신분 제도

— 실제적으로는 양반, 중인, 상민, 천민의 네 계층이군.

■ **신분 제도**

☑ 양천제: 신분을 크게 양인과 천인으로 구분함. → 양인은 다시 양반, 중인, 상민으로 구분

☑ 신분에 따른 생활 모습

양인	양반	• 관리가 되어 나랏일에 참여함. • 땅과 노비를 가졌고, 자신의 땅을 농민에게 빌려주기도 함. • 남자는 어릴 때부터 글공부를 하여 관리로 나감.
	중인	양반을 도와 관청에서 일하거나, 의관, 역관 등 전문직에 종사함.
	상민	농업·어업·수공업·상업 등에 종사함.
천민		최하층 신분으로, 대부분 노비임. → 나라와 개인의 재산으로 여김.

= 백성의 대부분은 상민 계층이었고, 노비는 천민에 해당한다는 것 잊지 마!

✱✱ 조선 사람들은 어떤 놀이를 즐겼을까?

4 조선 백성들의 여가 생활

■ **여가 생활의 종류**

☑ 줄다리기: 두 편으로 나누어 볏짚으로 만든 줄을 끌어당기는 백성들의 놀이

☑ 강강술래: 전라남도 해안 지방에서 추석 전후에 하던 놀이 = 여성들의 대표적인 놀이야.

☑ 고싸움놀이: 여러 사람이 두 편으로 나뉘어 머리에 타원형의 고가 달린 굵은 줄을 메고, 상대편의 고를 짓눌러 먼저 땅에 닿게 하는 편이 이김.

☑ 양반들은 주로 바둑, 활쏘기, 서예 등을 함.

한국사 퀴즈

01 다음 빈칸에 들어갈 알맞은 말을 쓰세요.

1. 조선은 ☐☐을(를) 중요하게 여기고 나라의 근본으로 삼았다.
2. ☐☐☐☐은(는) 조선 최고의 법전으로, 사회 질서 유지에 중요한 역할을 하였다.
3. ☐☐☐☐☐은(는) 우리나라와 중국의 충신, 효자, 열녀의 이야기를 담은 책이다.

02 알맞은 말을 골라 ○표 하세요.

1. 조선의 신분 제도는 (평등제 / 양천제)로 신분을 크게 양인과 천민으로 구분하였다.
2. 조선 시대의 천민은 최하층 신분으로 대부분 (노비 / 상민)에 속했다.
3. 전라남도 해안 지방에서 추석을 전후로 행해지던 민속놀이는 (강강술래 / 격구)이다.

03 다음 빈칸에 들어갈 조선 시대의 집안 행사를 각각 쓰세요.

(1) ( )	15세가 넘으면 어른이 되었음을 알림.
(2) ( )	어른이 된 처녀, 총각이 혼례를 치러 부부가 됨.
(3) ( )	사람이 죽으면 상복을 입고 장례를 치름.
(4) ( )	조상님을 기리며 제사를 지냄.

한국사능력검정시험 기출문제

01 다음 학생이 생각하고 있는 기관으로 옳은 것은? [2점]
초급 제20회 (23번)

 성종 때 완성된 조선의 기본 법전이야.

국가 조직과 정치, 경제, 사회 활동에 대한 내용을 담고 있어.

① 경국대전

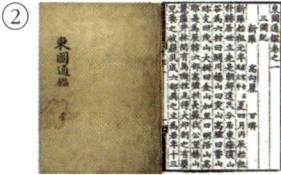
② 동국통감

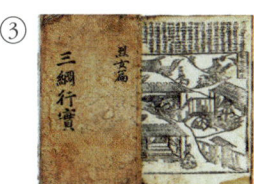
③ 삼강행실도

④ 악학궤범

『경국대전』은 세조 때 만들기 시작하여 성종 때 완성한 조선 최고의 법전이에요. 『경국대전』은 나라를 다스리는 기준이 되었고 사회 질서를 유지하는 데 중요한 역할을 하였어요.

02 조선 전기 양반에 대한 설명으로 옳지 않은 것은? [3점]
초급 제12회 (15번)

① 유교를 숭상하여 충효를 중시하였다.
② 자기 땅의 농사는 노비와 소작농에게 맡겼다.
③ 과거를 통해 관리가 되어 나랏일에 참여하였다.
④ 나라의 허가를 받은 시전에서 주로 활동하였다.

조선 시대에 양반은 관리가 되어 나랏일에 참여할 수 있었어요. 또, 땅과 노비를 소유하고, 자신의 땅을 농민에게 빌려주기도 하였어요.

조선 시대 신분 중 천민은 최하층 신분으로, 대부분 노비였어요. 노비는 나라와 개인의 재산으로 여겨졌어요.

03 (가)에 들어갈 내용으로 옳은 것은? [2점]

초급 제31회 (24번)

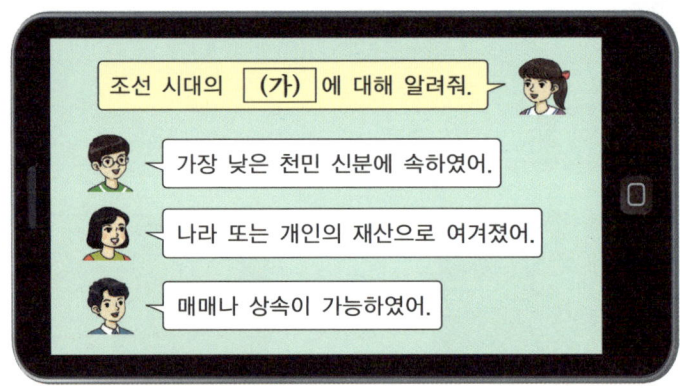

조선 시대의 (가) 에 대해 알려줘.
- 가장 낮은 천민 신분에 속하였어.
- 나라 또는 개인의 재산으로 여겨졌어.
- 매매나 상속이 가능하였어.

① 역관　　② 백정　　③ 노비　　④ 향리

04 다음 학습 주제에 대한 발표 내용으로 옳지 <u>않은</u> 것은? [3점]

초급 제27회 (21번)

학습 주제: 조선 시대 중인

① 아픈 사람을 치료하는 의관이 있습니다.
② 외국 사신이 왔을 때 통역하는 역관이 있습니다.
③ 도화서에서 그림을 그리는 화원이 있습니다.
④ 가축을 잡아 고기를 파는 백정이 있습니다.

중인은 양반과 상민의 중간에 있는 계층으로, 주로 양반을 도와 관청에서 일하거나 전문직에 종사하였어요. 의관, 역관 등이 중인에 속해요. 한편, 가축을 잡는 백정, 묘기를 하는 광대, 무당, 기생 등은 상민에 속하지만 천한 직업으로 여겨졌어요.

03. 유교 문화가 발달한 조선

05 다음에서 설명하고 있는 것은? [2점]

예상문제

- 세종 때 만든 책이다.
- 백성들이 유교의 가르침을 잘 실천하도록 만들었다.
- 우리나라와 중국의 충신, 효자, 열녀의 이야기를 담았다.

① 악학궤범 ② 동의보감
③ 훈민정음 ④ 삼강행실도

『삼강행실도』는 우리나라와 중국의 충신, 효자, 열녀 이야기를 모아 놓은 책으로, 유교적 윤리를 잘 실천한 모범적인 사례를 글과 그림으로 설명하는 책이에요.

06 다음에서 설명하는 민속놀이로 옳은 것은? [2점]

초급 제27회 (19번)

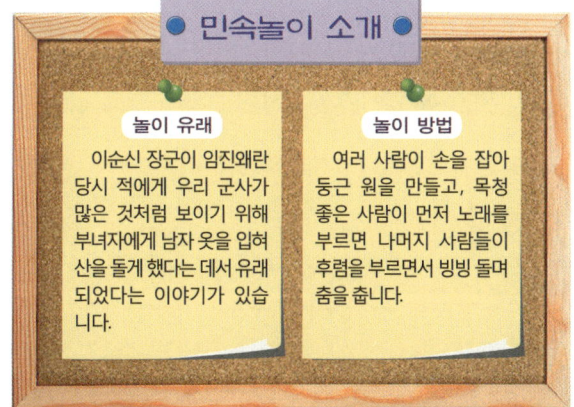

● 민속놀이 소개 ●

놀이 유래
이순신 장군이 임진왜란 당시 적에게 우리 군사가 많은 것처럼 보이기 위해 부녀자에게 남자 옷을 입혀 산을 돌게 했다는 데서 유래되었다는 이야기가 있습니다.

놀이 방법
여러 사람이 손을 잡아 둥근 원을 만들고, 목청 좋은 사람이 먼저 노래를 부르면 나머지 사람들이 후렴을 부르면서 빙빙 돌며 춤을 춥니다.

강강술래는 전라남도 해안 지방에서 추석 전후에 하던 민속놀이로, 우리나라 여성들의 대표적인 놀이에요. 오랜 옛날부터 전해졌다는 의견과 임진왜란 때 이순신 장군의 전술이었다는 의견이 있어요.

①
널뛰기

②
강강술래

③
그네뛰기

④
놋다리밟기

3 유교 문화가 발달한 조선

조선은 이웃 나라와 왜 전쟁을 했을까?

1 임진왜란이 일어난 배경과 전개 과정

■ 배경
- ☑ 도요토미 히데요시가 일본을 통일하고 새로운 지배자가 됨.
  (이때 명은 정치적 혼란으로 황제의 권위가 약해지고 있었음)
- ☑ 일본은 명으로 가는 길을 내어 달라는 핑계로 조선을 침략(1592년)

■ 전개 과정
- ☑ 부산 동래성 함락 ➡ 한성 함락 ➡ 평양과 함경도까지 침략
- ☑ 선조와 신하들은 궁궐을 버리고 북쪽으로 피란 ➡ 명에 도움 요청

임진왜란을 어떻게 극복하였나?

2 임진왜란을 극복하기 위한 수군과 의병의 노력

■ 이순신을 중심으로 한 수군의 활약
- ☑ 전쟁 대비: 식량을 저장하고 군함과 무기를 갖춤.
- ☑ 옥포 해전: 옥포에서 첫 승리를 거둔 후 잇따른 해전에서 모두 승리함.
- ☑ 한산도 대첩: 학익진 전법으로 크게 승리함.
- ☑ 승리 비결: 훌륭한 전술, 위력 있는 화포, 판옥선과 거북선의 활약

= 바다에서 전투를 벌일 때는 조총이 아니라 화포가 더 강한 무기였대. 왜냐고? 배와 배 사이의 거리가 멀어서~

▶ 조선 수군의 승리

(4) 임진왜란과 병자호란

📘 의병의 활약
- ☑ 의병: 나라를 구하기 위해 백성들이 스스로 만든 군대
- ☑ 구성: 양반에서 천민까지 다양한 신분으로 구성
- ☑ 의병장: 곽재우(홍의 장군), 서산 대사, 조헌 등
- ☑ 활약: 관군과 협력하여 진주성과 행주산성에서 크게 승리
= 나라를 구하는 데에는 신분을 따지지 않았나 봐.

📙 전쟁의 결과
- ☑ 많은 백성이 죽거나 포로로 잡혀감.
- ☑ 농사를 짓지 못해 식량이 부족해짐.
- ☑ 수많은 문화재가 불탐.

✨ 조선, 여진과 전쟁을 하다!

병자호란의 원인과 결과

📗 병자호란의 배경
- ☑ 명: 조선을 도와 임진왜란에 참전한 뒤 힘이 크게 약해짐.
- ☑ 여진: 명이 약해진 틈을 타 세력을 키워 후금을 세우고 명을 공격함.
- ☑ 광해군: 명과 후금 사이에서 중립을 지킴.
- ☑ 인조반정: 광해군의 중립 외교에 반대하던 신하들이 광해군을 몰아내고 인조를 왕으로 세움.
- ☑ 인조: 인조는 명을 가까이 하고 후금을 멀리함.
- ☑ 후금의 침략: 후금이 조선을 침략 → 조선과 후금은 형제 관계를 맺고 전쟁을 끝냄(정묘호란).

📙 병자호란
- ☑ 배경: 조선이 여전히 명과의 관계를 유지하며 후금과 가까이 지내지 않았음.
- ☑ 전개: 더욱 강성해진 후금이 나라 이름을 청으로 바꾸고 조선을 침략함(1636년). → 인조가 남한산성으로 피신
- ☑ 결과
  - 조선은 청과 신하와 임금의 관계를 맺음.
  - 소현 세자와 봉림 대군을 비롯한 많은 사람들이 청에 인질로 끌려감.
  - 조선은 해마다 청에 조공을 바쳐야 했음.

한국사 퀴즈

01 다음 빈칸에 들어갈 알맞은 말을 쓰세요.

1. ☐☐☐☐ 은(는) 1592년 일본이 조선을 침략하면서 시작되었다.
2. 임진왜란이 일어나자 전국에서 곽재우를 비롯한 ☐☐ 이(가) 일어났다.
3. 국력이 약해진 명은 후금을 물리치기 위해 조선에 군사를 보내 달라고 하였다. 이때 ☐☐☐ 은(는) 명과 후금 사이에서 중립을 지켰다.

02 알맞은 말을 골라 ○표 하세요.

1. 조선의 (**의병** / **승병**)은 양반에서 천민에 이르기까지 신분이 다양하였다.
2. 1636년 (**정묘호란** / **병자호란**)이 일어나자 인조와 일부 신하들은 남한산성으로 피신을 갔다.
3. 병자호란이 끝난 후, 조선과 청은 (**신하와 임금** / **형제**)의 관계를 맺었다.

03 다음 빈칸에 들어갈 이순신 장군이 활약한 전투의 이름을 차례대로 적으세요.

> 임진왜란이 일어나자 이순신의 수군은 경상도 (㉠   )에서 첫 승리를 거둔 후, 잇따라 벌어진 해전에서 모두 승리하였습니다. (㉡   )에서는 학익진 전법으로 큰 승리를 거두어 일본군의 기세를 꺾어 놓았습니다.

한국사능력검정시험 기출문제

01 (가)에 해당하는 검색어로 가장 적절한 것은? [2점]
초급 제22회 (23번)

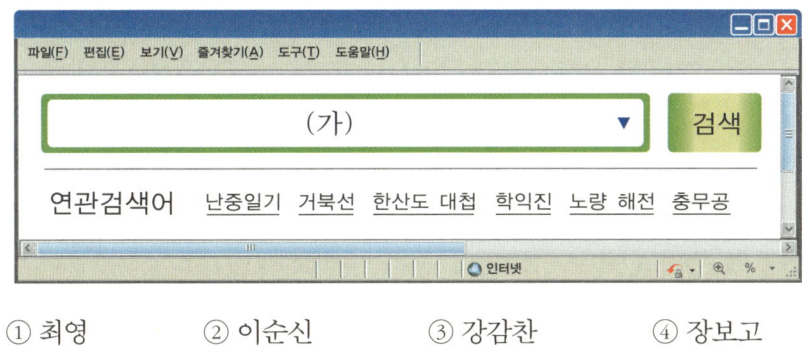

① 최영   ② 이순신   ③ 강감찬   ④ 장보고

임진왜란이 일어나자 이순신의 수군은 경상도 옥포에서 첫 승리를 거둔 후 잇따라 벌어진 해전에서 모두 승리하였어요. 특히 한산도 대첩에서는 학이 날개를 펼치는 모양으로 적을 에워싸는 학익진 전법으로 큰 승리를 거두었어요. 이순신이 임진왜란 때 쓴 일기인 『난중일기』는 세계 기록 유산에 등재되었지요.

02 밑줄 그은 '이 전쟁' 때 있었던 사실로 옳지 <u>않은</u> 것은? [3점]
초급 제28회 (23번)

① 을지문덕이 살수에서 적군을 격퇴하였다.
② 곽재우 등 의병들이 각지에서 활약하였다.
③ 김시민이 진주성에서 왜군을 크게 물리쳤다.
④ 신립이 탄금대에서 배수의 진을 치고 싸웠다.

이순신, 유성룡, 사명 대사 등은 모두 임진왜란 때 활약한 인물들이에요. 을지문덕은 고구려의 장군으로, 수의 침략을 살수에서 물리쳤어요.

신돌석은 대한 제국 시기에 일본에 맞서 활약한 의병장이에요.

03 다음 다큐멘터리 제목과 관련된 장면으로 적절하지 않은 것은? [2점]

초급
제19회
(24번)

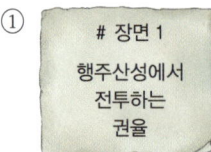

역사 다큐멘터리
조선, 임진왜란 어떻게 극복하였나
제작: ○○○

① # 장면 1
행주산성에서 전투하는 권율

② # 장면 2
붉은 옷을 입고 싸우는 곽재우

③ # 장면 3
거북선을 지휘하는 이순신

④ # 장면 4
의병을 이끄는 신돌석

곽재우는 임진왜란이 일어났을 때 최초로 의병을 일으켜 활약했습니다. 붉은 옷을 입어 홍의장군이라고도 불렸어요.

04 오른쪽은 임진왜란 때 활약한 어느 장군을 기리고자 지은 시이다. ☐ 안에 들어갈 이름은? [3점]

6급
제2회
(26번)

의병 대장 ☐, 붉은 옷을 휘날리며
밀려오는 침략의 무리 단칼로 물리치셨네.
의병 대장 ☐, 문과 급제하셨지만,
벼슬길도 마다하시고 초야에 묻히셨네.
의병 대장 ☐, 정암 나루 으슥한 데서
북을 치고 나팔을 부니 왜적끼리 서로 찌르네.
(후렴) 오합지졸 왜적들은 무서워 떠네.
총알도 겁이 나서 비껴 나간다, 비껴 나간다.
의병 대장 ☐, 의령골의 샌님이지만,
백마 타고 적진 누비니 동에 번쩍 서에 번쩍.

① 곽재우   ② 고경명   ③ 김천일   ④ 조헌

05 다음에 해당하는 역사적 사건으로 옳은 것은? [2점]

초급 제17회 (27번)

병자호란이 일어나자 인조와 일부 신하들은 남한산성으로 피신하였으나 곧 포위되고 말았어요. 이에 신하들은 청과 끝까지 싸울 것을 주장하는 편과 싸움을 멈추고 화해할 것을 주장하는 편으로 나뉘었습니다.

① 삼포왜란　　② 임진왜란
③ 정묘호란　　④ 병자호란

06 (가)에 들어갈 역사적 장소로 옳은 것은? [2점]

초급 제31회 (25번)

○○월 ○○일

날이 저물 무렵 일봉이가 남편이 보낸 편지를 가지고 왔다. 볼모로 잡혀가는 세자를 따라 청으로 가게 되었다는 내용이다.

병자년에 청이 쳐들어오자 남편은 임금님을 모시고 (가) 으로 들어갔다. 그러나 임금님께서 40여 일 만에 삼전도에서 항복하셨고, 많은 사람들이 끌려가게 되었다. 남편이 무사히 돌아오길 바랄 뿐이다.

① 진주성　　② 남한산성
③ 행주산성　　④ 수원 화성

병자호란이 일어나자 인조와 일부 신하들은 남한산성으로 피신하였으나 곧 포위되었어요. 조선은 47일 동안 청에 대항하였으나 결국 항복하고 말았어요. 전쟁이 끝난 후 조선과 청은 신하와 임금의 관계를 맺었고 수많은 사람들이 청에 인질로 끌려갔어요.

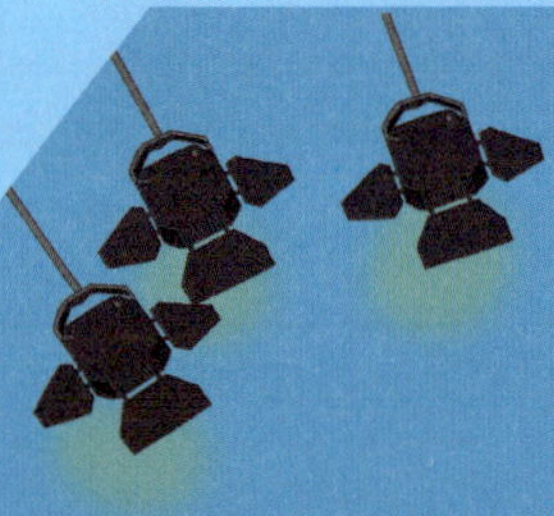

04 조선 사회의 새로운 움직임

1. 전란의 극복
2. 새로운 문물을 받아들인 조선
3. 서민 문화의 발달
4. 조선 시대 여성의 삶
5. 조선을 뒤덮은 농민의 함성

4 조선 사회의 새로운 움직임

전쟁 후 조선의 상황은?

1 임진왜란과 병자호란의 피해 극복 노력

조선의 피해
- ☑ 많은 백성과 군사가 죽거나 다침.
- ☑ 주요 건축물이 불에 타 사라지거나 귀중한 문화재가 약탈됨.
- ☑ 농민들이 농사를 짓지 못해 식량이 부족해짐.

피해 극복 노력
- ☑ 토지와 인구 조사 실시: 나라의 재정을 늘리고, 백성의 생활을 안정시키고자 함.
- ☑ 대동법 실시: 특산물 대신 토지 면적에 따라 쌀, 베·무명, 돈 등을 세금으로 냄.
  - 토지가 없거나 적은 농민은 어느 정도 세금 부담이 줄어들었음.
  - 광해군 때 경기도에서 처음 실시되었고, 병자호란 이후 더욱 확대됨.
- ☑ 『동의보감』 보급: 임진왜란으로 인한 부상과 전염병으로 고통 받는 백성을 돕기 위해 펴냄.
  → 우리 땅에서 자라고 주변에서 쉽게 구할 수 있는 약초를 소개하고 질병에 대한 치료법을 정리한 의학서
- ☑ 궁궐과 성, 사고 등을 다시 지음.
- ☑ 농업 생산량을 늘림.
  - 황폐해진 땅을 다시 일구어 농토의 면적을 늘림.
  - 농사에 필요한 저수지나 보를 만듦.
  - 모내기법과 같은 농사법을 이용하여 수확량을 늘림.
  - 인삼, 담배, 채소 등의 작물을 재배함.

(1) 전란의 극복

- **임진왜란 이후 조선과 일본의 관계**
  - ☑ 임진왜란이 끝난 뒤 조선은 일본과 국교를 끊었으나 일본의 새로운 정권이 다시 국교 맺기를 요청함.
  - ☑ 조선은 일본으로 끌려간 포로를 데려오는 조건으로 국교를 맺음.
  - ☑ 통신사 파견: 조선의 문화를 일본에 전해 주어 일본의 문화 발전에 큰 영향을 줌.

※ 우리 땅을 어떻게 지킬 것인가?

1. 국토 수호의 노력

- **북벌론**
  - ☑ 청을 공격해 전쟁에서 패배한 부끄러움을 씻자는 주장
  - ☑ 준비 과정: 청에 인질로 잡혀갔다가 왕위에 오른 효종이 송시열 등과 함께 군사력을 기르고 성과 무기를 정비함.
  - ☑ 국력이 더욱 강해진 청을 공격하기에는 어려움이 많았음. 그 과정에서 효종이 죽음으로써 북벌을 실천하지 못함. = 그래도 국방력 강화에는 큰 도움이 되었을 거야.

- **울릉도와 독도**
  - ☑ 상황: 울릉도와 독도에 일본 어민들이 자주 침범해 충돌이 벌어짐.
  - ☑ 안용복의 활약: 숙종 때 울릉도와 독도 주변에 나타나는 일본 어민들을 쫓아내고 일본으로 건너가 울릉도와 독도가 조선의 영토임을 확인시키고 돌아옴.
  - ☑ 대한 제국 시기의 대응
    - 울릉도에 백성이 이주하도록 적극 장려
    - 울릉도에 관청을 설치하고 관리를 파견하여 독도까지 관리함.
  - = 예나 지금이나 독도는 우리 땅!

▲ 독도와 울릉도가 표기된 팔도총도(16세기)

한국사 퀴즈

01 다음 빈칸에 들어갈 알맞은 말을 쓰세요.

1. 조선에 가장 큰 피해를 준 두 전란은 ☐☐☐☐ 와(과) 병자호란이다.
2. 광해군 때 처음으로 ☐☐☐ 이(가) 실시되어 특산물 대신 토지 면적에 따라 쌀이나 베·무명, 돈 등을 세금으로 내었다.
3. 임진왜란 후 조선은 일본의 요청에 의하여 ☐☐☐ 을(를) 파견하여 조선의 문화를 일본에 전해 주었다.

02 알맞은 말을 골라 ○표 하세요.

1. 광해군은 임진왜란으로 인한 부상과 전염병으로 고통 받는 백성을 돕기 위하여 (동의보감 / 팔도총도)을(를) 보급하였다.
2. 청을 공격하여 전쟁에서 패배한 부끄러움을 씻자는 주장을 (북학론 / 북벌론) 이라고 한다.
3. 병자호란 이후 북벌을 주장했던 왕은 (세종 / 효종)이다.

03 다음 지도를 보고 빈칸에 공통으로 들어갈 단어를 적으세요.

☐☐ 이(가) 울릉도의 서쪽에 그려져 있지만 당시에도 ☐☐ 을(를) 우리나라 땅으로 생각하고 있었다는 분명한 증거입니다.

한국사능력검정시험 기출문제

01 다음 가상 대화의 (가)에 들어갈 내용으로 적절한 것은? [3점]

초급
제9회
(20번)

삼전도비

효종 / 이완

병자호란 이후 청에 인질로 잡혀갔다가 돌아와 왕위에 오른 효종은 군사력을 기르고 성과 무기를 정비하면서 북벌을 준비하였어요.

① 북학을 받아들이도록 하시옵소서!
② 북벌을 추진하여 치욕을 씻으시옵소서!
③ 군사를 보내 국모의 원수를 갚으시옵소서!
④ 조총 부대를 동원하여 나선을 정벌하시옵소서!

02 밑줄 그은 '이 제도'에 대한 설명으로 옳은 것은? [3점]

초급
제30회
(26번)

임진왜란과 병자호란 이후 조선 정부는 농민의 부담을 덜어주기 위해 조세 제도를 개편하였어요. 집집마다 특산물을 세금으로 내도록 한 것을 토지 면적에 따라 쌀이나 베·무명, 돈 등으로 내도록 하는 대동법을 실시하였어요.

① 장용영을 설치하였다.
② 공물 대신 쌀 등을 내게 하였다.
③ 집집마다 호적을 작성하도록 하였다.
④ 전국을 8도로 나누어 관찰사를 파견하였다.

임진왜란을 겪으면서 부상과 전염병으로 고통을 받았던 백성들을 돕고자 『동의보감』을 보급하였어요. 『동의보감』은 허준이 선조 때 만들기 시작하여 광해군 때 완성하였어요.

03 학생들이 이야기하고 있는 책으로 옳은 것은? [2점]

초급 제23회 (16번)

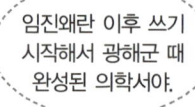

임진왜란 이후 쓰기 시작해서 광해군 때 완성된 의학서야.

허준이 쓴 것으로 유네스코 세계 기록 유산으로 지정되었어.

①  ②  ③  ④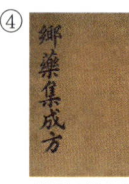

　　의방유취　　　　동의보감　　　　목민심서　　　　향약집성방

임진왜란과 병자호란을 겪은 이후 농업 생산력을 높이기 위해 모내기법이 전국적으로 보급되었어요. 모내기법으로 일손을 줄일 수 있었고 벼가 튼튼하게 자라 수확량이 늘어났어요.

04 조선 시대에 다음 그림과 같은 농사법이 보급되었던 이유는?

6급 제1회 (33번)

[3점]

① 저수지 수가 줄었기 때문에
② 가뭄에도 잘 견딜 수 있었기 때문에
③ 남아도는 노동력이 풍부해졌기 때문에
④ 이전보다 생산량을 크게 늘릴 수 있었기 때문에

05 (가)에 대한 설명으로 옳은 것은? [3점]

초급
제28회
(19번)

(가)의 행렬 모습과 이동 경로

① 학문과 기술을 전해 주었다.
② 매년 정기적으로 파견되었다.
③ 스에키 토기 제작에 영향을 주었다.
④ 처음으로 일본에 불교를 전파하였다.

임진왜란 이후 조선은 일본과 국교를 끊었으나 일본의 새로운 정권이 다시 국교 맺기를 청하였어요. 이에 조선은 일본에 통신사를 파견하여 조선의 발전된 문화를 일본에 전해 주었어요.

06 (가)에 대한 설명으로 옳지 <u>않은</u> 것은? [2점]

초급
제14회
(33번)

① 우리나라의 가장 동쪽에 위치한 섬이다.
② 청·일 전쟁 중에 일본의 영토로 편입되었다.
③ 세종실록지리지에 우리나라 영토로 기록되어 있다.
④ 일본의 옛 지도 중에는 조선의 영토로 표시되어 있는 것도 있다.

독도는 일찍부터 우리 영토로 여겨 왔어요. 그러나 일본은 러·일 전쟁 중에 독도를 불법적으로 자국의 영토에 편입하였어요.

4 조선 사회의 새로운 움직임

✱✱ 실학은 왜 등장했을까?

1 실학

▦ 실학의 등장
- ☑ 실학: 현실 문제에 적극 관심을 기울이고 이를 바탕으로 등장한 학문
- ☑ 등장 배경: 조선 후기에 일부 학자들이 당시 학문이 실생활 문제를 해결하는 데 한계가 있음을 깨달음.

▦ 실학자들의 주장
- ☑ 토지 제도를 바꿔 땅을 골고루 나누어 주고, 새로운 농사 기술을 보급해야 함.
- ☑ 새로운 기술을 개발하고, 농업과 상업을 장려해야 함.
- ☑ 우리의 것을 연구해야 함.
- ☑ 청의 문물과 기술을 적극적으로 받아들여야 함.
- ☑ 관리는 백성을 위하여 정치를 바르게 해야 함.

▦ 실학자 정약용
- ☑ 『경세유표』: 토지 제도의 개혁과 올바른 인재 등용 주장
- ☑ 『목민심서』: 올바른 지방관의 자세를 밝힘.
- ☑ 거중기를 고안하여 수원 화성을 건설하는 데 기여함.

✱✱ 조선 후기는 정조를 빼고 말할 수 없지!

2 문화 부흥을 위한 정조의 노력

▦ 정조의 개혁 정치
- ☑ 왕실 도서관인 규장각을 설치함. = 창덕궁 후원에 가면 볼 수 있어!
- ☑ 나라를 바로 세우기 위해 탕평책을 실시함.
- ☑ 수원 화성을 계획적으로 건설하여 군사와 상업의 새로운 중심지로 만들고 왕권을 강화함.

(2) 새로운 문물을 받아들인 조선

조선, 새로운 것을 어떻게 받아들였을까?

3 새로운 문물의 수용

■ 서양 문물의 수용
- ☑ 중국에 다녀온 사신들이 조선에 서양 문물을 들여와 소개함.
  → 세계 지도, 과학 기술 서적, 화포, 천리경, 자명종 등
- ☑ 서양 문물을 접하면서 중국보다 넓은 세계가 있다는 사실을 깨닫게 됨.

■ 조선 시대의 세계 지도 비교

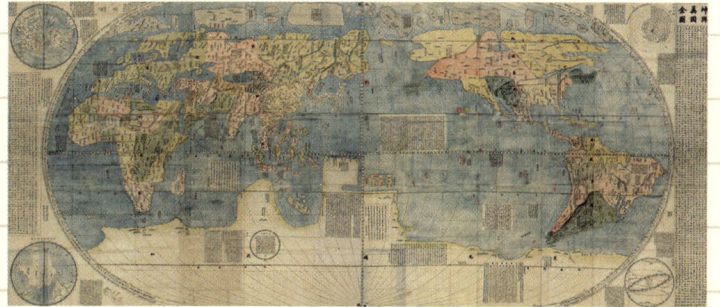

▲ 혼일강리역대국도지도(조선 전기) ▲ 곤여 만국 전도(조선 후기)

- ☑ 조선 전기에 제작된 「혼일강리역대국도지도」는 세계를 사각형으로 표현, 중국과 일본뿐만 아니라 아프리카, 유럽까지 나타냄. = 중국을 중앙에 가장 크게 표현한 걸로 봐서, 중국 중심의 세계관이 드러나 있는 것을 알 수 있어!
- ☑ 조선 후기에 전래된 「곤여 만국 전도」는 세계를 원으로 표현하였고, 당시 사람들에게 더 넓은 세계가 있음을 깨닫게 해 줌. = 지도가 세계관을 바꾸는 데 큰 기여를 한 거야!

■ 서학(천주교)
- ☑ 서양의 학문, 과학 기술, 종교에 대해 관심을 가지고 연구한 학문
- ☑ 중국에 다녀온 사신들이 조선에 천주교를 소개함.
- ☑ 『천주실의』: 천주교 교리에 관한 책
- ☑ 천주교의 인간 평등사상과 제사 거부 → 유교 사회 질서를 무너뜨릴 수 있다는 이유로 탄압받음.

한국사 퀴즈

01 다음 빈칸에 들어갈 알맞은 말을 쓰세요.

1. 조선 후기, 일부 학자들은 당시의 학문이 실생활의 문제를 해결하는 데 한계가 있음을 깨닫고, 현실 문제에 관심을 기울이는 ☐☐을(를) 연구하였다.
2. 정조는 왕실 도서관인 ☐☐☐을(를) 세워 학문을 연구하였다.
3. 영조와 정조는 왕권을 강화하고 나라를 바로 세우기 위하여 ☐☐☐을(를) 실시했다.

02 알맞은 말을 골라 ○표 하세요.

1. 정조는 군사와 상업의 새로운 중심지를 만들기 위해 (**수원 화성** / **평양성**)을 건설하였다.
2. 조선 시대 대표적인 실학자로, 『경세유표』, 『목민심서』 등을 쓴 사람은 (**유형원** / **정약용**)이다.
3. 조선 후기 조정은 (**천주교** / **동학**)의 인간 평등사상과 제사 거부가 유교 사회의 질서를 무너뜨릴 수 있다고 생각하여 탄압하였다.

03 다음 사진은 조선 후기에 정약용이 발명한 과학 기구입니다. 그 이름을 쓰세요.

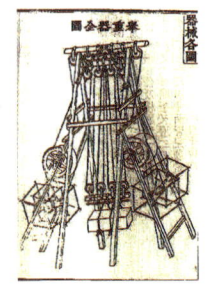 

(   )

01 다음 일기의 밑줄 그은 내용과 관련된 자료로 옳지 않은 것은?

초급
제10회
(18번)

[3점]

○○○○년 ○○월 ○○일

요즘 정치는 문란해지고 백성들의 생활은 날로 어려워지고 있다. 그런데도 학자들은 예법과 이론을 둘러싼 논쟁만 벌이고 있으니 안타깝다.

백성들의 실제 생활에 도움을 주지 못하는 학문이 과연 진정한 학문이라 할 수 있겠는가? 정말 걱정스럽기만 한 세상이다. <u>실용적인 학문</u>에 힘쓰는 사람이 많이 나와야 할 텐데……

조선 후기 일부 학자들은 당시의 학문이 실생활 문제를 해결하는 데 한계가 있음을 깨닫고 현실 문제에 적극적으로 관심을 기울였는데, 이에 따라 실학이 등장하였어요. 대표적인 실학자로는 유형원(『반계수록』), 정약용(『목민심서』), 박제가(『북학의』) 등이 있습니다. 『동경대전』은 동학의 2대 교주인 최시형이 동학의 교리를 정리하여 펴낸 것입니다.

① 토지 제도를 바로잡지 않으면 백성의 생활은 영원히 안정될 수 없다.
― 『반계수록』 ―

② 우리 세상은 너무 혼란합니다. 나라를 다스리는 사람들이 자신의 욕심만 채우고 있습니다.
― 『동경대전』 ―

③ 재물은 샘과 같은 것이다. 퍼서 쓰면 차고, 버려두면 말라 버린다.
― 『북학의』 ―

④ 오늘날 백성을 다스리는 자들은 오직 거두어들이는 데만 급급하고 백성을 부양할 바는 알지 못한다.
― 『목민심서』 ―

02 밑줄 그은 '이곳'에 해당하는 기구로 옳은 것은? [3점]

초급
제28회
(29번)

왕실 도서관인 이곳에 인재들을 모아 학문을 연구하게 하시오.

정조

① 교정청   ② 규장각   ③ 성균관   ④ 의금부

정조는 왕실 도서관인 규장각을 설치하여 인재들에게 학문을 연구하게 하고 나랏일을 함께 논의하였어요.

정조는 수원 화성을 계획적으로 건설하고 군사와 상업의 새로운 중심지로 만들어 왕권을 강화하고자 하였어요.

03 사회 수업 시간에 역사 내용을 이용해 노랫말 바꾸어 부르기를 하였다. 바꾼 가사 내용 중에서 잘못된 부분은? [2점]

초급 제7회 (12번)

⟨'비행기' 노랫말 바꾸기⟩

떴다 떴다 비행기 날아라 날아라
㉠ 조선 건국 이성계 위화도 회-군

높이 높이 날아라 우리-비행기
㉡ 수도 한양 경복궁 오백년 역-사

내가 만든 비행기 날아라 날아라
㉢ 훈민정음 세-종 문화꽃 피우고

멀리 멀리 날아라 우리-비행기
㉣ 수원 화성 세-조 세계-문화재

① ㉠ ② ㉡ ③ ㉢ ④ ㉣

정약용은 조선 후기의 대표적인 실학자예요. 그는 수많은 저서를 남겼는데, 그중 『목민심서』는 지방의 관리가 지켜야 할 내용을 담은 책이에요.

04 다음 책자의 저자로 옳은 것은? [2점]

초급 제25회 (34번)

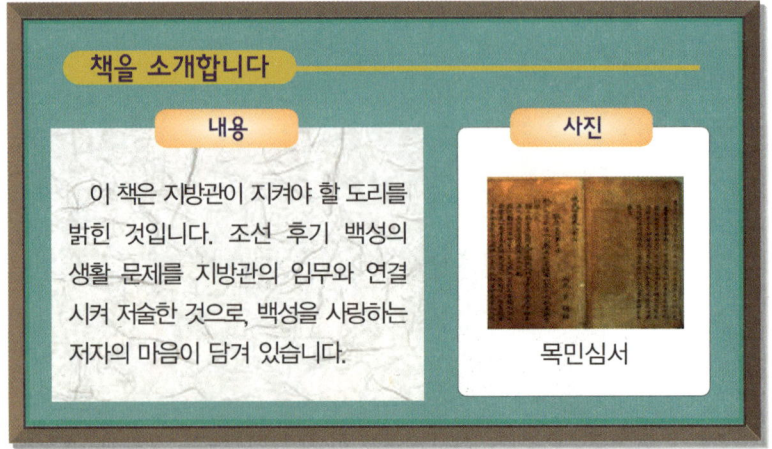

① 이익 ② 박지원 ③ 유형원 ④ 정약용

05 다음은 조선 후기에 있었던 가상 대화이다. 가방 속에 들어 있을 물건으로 적절하지 <u>않은</u> 것은? [3점]

초급 제15회 (25번)

조선 후기에 중국에 다녀온 사신들에 의해 세계 지도, 과학 기술 서적, 화포, 자명종, 천리경 등의 서양 문물이 들어왔어요. 「혼일강리역대국도지도」는 조선 전기의 지도로, 중국을 중앙에 크게 그려 당시 사람들의 세계관을 짐작할 수 있게 해 줍니다.

① 자명종
② 천리경
③ 곤여만국전도
④ 혼일강리역대국도지도

06 다음 질문의 답변으로 옳은 것은? [3점]

초급 제19회 (23번)

곤여만국전도

이 지도의 전래는 조선에 어떤 영향을 주었을까요?

조선 후기에 전래된 「곤여 만국 전도」는 세계를 원으로 표현하였으며, 실제 세계의 모습과 비슷하게 제작되어 더 넓은 세계가 있음을 깨닫게 되는 중요한 계기가 되었어요.

① 성리학이 통치 이념으로 자리잡게 되었습니다.
② 우리나라 최초의 세계 지도가 만들어졌습니다.
③ 중국이 세계의 중심이라는 생각에 변화가 생겼습니다.
④ 우리나라가 코리아라는 이름으로 처음 알려지게 되었습니다.

4 조선 사회의 새로운 움직임

※ 조선 후기 서민들은 어떤 문화를 즐겼을까?

1 서민 문화의 발달

발달 배경
- ☑ 농업과 상업의 발달로 경제적으로 여유 있는 서민들이 늘어남.
- = 모내기, 상품 작물 재배로 농민들의 생활이 넉넉해졌거든.

풍속화와 민화
- ☑ 풍속화: 주로 사람들의 생활 모습을 재미있고 현실감 있게 표현

◀ 김홍도의 「씨름도」: 서민들의 모습을 표현

◀ 신윤복의 「미인도」: 조선 시대의 여성을 그림.

- ☑ 민화: 소재가 다양하고 그리는 방법에도 일정한 형식이 없음.

◀ 「화조도」: 꽃과 새가 함께 있는 그림. 암수 한 쌍의 새는 화목한 부부가 되고 싶은 바람을 나타냄.

◀ 「작호도(호랑이와 까치)」: 까치는 좋은 소식을 전해 주고, 호랑이는 잡귀는 막아 주는 동물로 여김.

(3) 서민 문화의 발달

■ 한글 소설의 보급
- ☑ 한글을 익힌 서민이 늘어나면서 한글 소설이 보급됨.
- ☑ 『홍길동전』, 『춘향전』, 『심청전』, 『흥부전』 등

■ 판소리
- ☑ 소리꾼이 즉흥적으로 내용을 더하거나 뺄 수 있고, 관중도 함께 참여할 수 있어 서민들에게 큰 호응을 얻음.
- ☑ 하나의 이야기를 노래와 설명, 몸짓으로 표현함.
- ☑ 한글 소설의 내용이 판소리로 불림.
- ☑ 서민과 양반 모두에게 사랑받는 문화로 발전함.
- ☑ 원래 열두 마당으로 이루어졌으나, 현재는 「춘향가」, 「심청가」, 「흥보가」, 「적벽가」, 「수궁가」 다섯 마당만 전해지고 있음.

■ 탈놀이(탈춤)
- ☑ 풍년을 기원하는 마을굿에서 시작되었다가 상업이 발달한 곳을 중심으로 발전
- ☑ 양반의 겉과 속이 다름을 비꼬거나 놀리는 것이 많음.

■ 공예품
- ☑ 청화 백자: 흰 바탕에 푸른색으로 그림을 그린 도자기

▶ 청화 백자: 항아리, 술병, 접시 등 실용적인 것이 많음.

- ☑ 옹기: 곡식이나 장류를 저장하는 용도

- ☑ 목공예품: 나전칠기가 대표적. 밥상, 책상, 상자 등
- ☑ 떡살: 떡에 아름다운 무늬를 찍을 때 사용
- ☑ 조각보: 쓰다 남은 천 조각을 이어서 만든 보자기

한국사 퀴즈

01 다음 빈칸에 들어갈 알맞은 말을 쓰세요.

1. 조선 시대에 발달한 ☐☐ 문화에는 풍속화, 민화, 한글 소설 등이 있다.
2. 조선 후기에 주로 사람들의 생활 모습을 재미있고 현실감 있게 표현한 그림을 ☐☐☐(이)라고 한다.
3. 조선 후기에 일상생활에서 볼 수 있는 동물, 식물 등을 소재로 서민들의 바람을 표현한 그림을 ☐☐(이)라고 한다.

02 알맞은 말을 골라 ○표 하세요.

1. (옹기 / 청화 백자)는 흰 바탕에 푸른색으로 그림을 그린 것으로, 주로 항아리, 술병, 접시 등 실용적인 것이 많았다.
2. (판소리 / 탈놀이)는 하나의 이야기를 노래와 설명, 몸짓으로 표현하는 것으로, 소리꾼이 즉흥적으로 내용을 더하거나 뺄 수 있었다.
3. (옹기 / 나전 칠기)는 곡식이나 장류를 오랫동안 보관할 수 있는 공예품이다.

03 다음 풍속화를 그린 조선 후기의 화가의 이름을 각각 쓰세요.

(1) (　　　　　)

(2)  (　　　　　)

한국사능력검정시험 기출문제

01 밑줄 그은 ㉠에 해당하는 문화유산으로 옳은 것은? [2점]

초급
제19회
(27번)

> 조선 후기에 농업 생산량이 늘어나고 상업이 발달하면서 경제적으로 여유 있는 서민들이 생겨났다. 서민들이 문화와 예술에 차츰 관심을 갖기 시작하면서 이들의 생각과 감정이 솔직하게 표현된 ㉠새로운 문화가 나타났다.

①

②

③

④

조선 후기에 농업과 상업의 발달로 경제적으로 여유 있는 서민들이 늘어나면서 서민 문화가 발달하였어요. 풍속화, 민화, 한글 소설, 판소리, 탈놀이 등이 서민 문화에 해당해요.

02 (가)에 들어갈 내용으로 옳지 <u>않은</u> 것은? [2점]

초급
제17회
(26번)

이 사진은 탈놀이를 하고 있는 모습입니다. 탈놀이는 (가)

① 양반층을 풍자하고 비판하였습니다.
② 춘향가, 흥부가, 적벽가가 대표적입니다.
③ 서민 생활의 실상과 어려움을 담고 있습니다.
④ 장시 등 사람이 많이 모이는 곳에서 공연되었습니다.

조선 후기 서민 문화 중 판소리는 원래 열두 마당으로 이루어졌으나 현재는 「춘향가」, 「심청가」, 「흥보가」, 「적벽가」, 「수궁가」의 다섯 마당만 전해지고 있어요.

조선 후기 풍속화가인 신윤복은 주로 양반 사회에 대한 풍자, 여성의 생활 등을 소재로 그림을 그렸어요.

03 다음 전시회에서 볼 수 있는 그림으로 적절한 것은? [2점]

초급
제31회
(30번)

초대합니다

신윤복 특별 기획전

본 특별 기획전에서는 양반들의 풍류와 여성의 생활 등을 소재로 그린 신윤복의 작품을 모아 전시합니다.

- 기간: ○○○○년 ○○월 ○○일~○○일
- 장소: □□ 박물관 △△ 전시실

①    ②    ③    ④

조선 후기 풍속화가인 김홍도는 서민들의 생활 모습을 정감 있게 표현한 것으로 유명해요. 「씨름」, 「서당」 등이 대표 작품이에요.

04 (가)에 들어갈 인물로 옳은 것은? [2점]

초급
제30회
(30번)

이 그림은 조선 후기의 화가 (가) 이/가 그린 풍속화입니다. 그는 서민들의 생활 모습을 많이 그렸습니다.

① 장승업   ② 김득신   ③ 신윤복   ④ 김홍도

110 04. 조선 사회의 새로운 움직임

05 (가)에 들어갈 무형 문화유산으로 옳은 것은? [2점]

전통 문화를 찾아서

조선 후기에 유행했던 (가) 은/는 신재효에 의해 체계적으로 정리되었다.

노래와 이야기를 엮어 연출하고, 구경꾼들도 추임새를 하며 함께 참여할 수 있기 때문에 큰 호응을 얻었다.

대표적인 작품으로는 '춘향가', '심청가', '흥부가', '적벽가', '수궁가' 등이 있다.

① 별신굿　② 판소리　③ 사물놀이　④ 산대놀이

조선 후기에 유행한 판소리는 하나의 이야기를 노래와 설명, 몸짓으로 표현하는 것이에요.

06 다음은 생활 도구의 변화를 정리한 것이다. (가)에 들어갈 수 있는 사진으로 적절한 것은? [2점]

옛날	 인두	 맷돌	 자격루	(가)
오늘날	 다리미	 믹서	뻐꾸기 시계	김치 냉장고

①  요강

②  나전칠기 장롱

③  장독

④ 가마솥

옹기는 곡식이나 간장, 된장 같은 장류 등을 저장하는 용도로 많이 사용되었어요.

4 조선 사회의 새로운 움직임

조선 시대 여성들은 어떤 삶을 살았을까?

1 조선 시대 여성의 지위 변화

■ 조선 전기
- ☑ 고려 여성의 지위가 이어졌으며, 결혼 후 친정살이를 하는 경우가 많음.
- ☑ 차별 없이 재산을 상속받고 제사를 지냈으며 재혼도 가능

■ 조선 중기 이후
- ☑ 유교 질서가 강화됨. ➡ 여성은 결혼을 하면 시집으로 들어가 살게 됨.
- = 여성의 삶에 제약(시집살이)이 생기기 시작했어!

■ 조선 후기
- ☑ 여성의 사회적 지위가 낮아짐.
- ☑ 여성은 재산 상속에 있어서 남성과 차별을 받았으며 집안일에만 전념, 사회 활동에 거의 참여 못함.
- ☑ 여성의 삼종지도: 어렸을 때는 아버지를, 결혼해서는 남편을, 남편이 죽으면 아들을 따라야 한다고 가르침.

■ 신분에 따른 여성의 삶

양반	☑ 음식 장만, 손님맞이 등 집안일을 관리함.
	☑ 남편이 죽어도 재혼하기 어려움.
	☑ 양반 남성과 하는 일, 집 안에서 지내는 장소 등이 명확히 구분됨.
상민	☑ 집안일과 농사일을 하면서 무명과 삼베를 만들기도 함.
천민	☑ 관청, 양반집 등에서 힘든 일을 도맡아 함.

(4) 조선 시대 여성의 삶

※ 어려움을 극복하고, 끝까지 노력한 조선 여성들은 누가 있을까?

1. 조선 시대 훌륭한 업적을 남긴 여성들

■ 신사임당
- ☑ 어려서부터 바느질과 그림에 재능이 있었음.
- ☑ 결혼 후 자녀들을 훌륭하게 키워 냄.
- ☑ 풀과 곤충을 소재로 한 「초충도」가 대표적인 작품
- = 예술적 재능이 있었어.

▶ 「초충도」

■ 허난설헌
- ☑ 허균의 누나로 어려서부터 글재주가 있었음.
- ☑ 여성이라는 이유로 재능이 높게 평가되지 못함.
- ☑ 젊은 나이에 세상을 떠남.
- ☑ 허균이 누나의 시를 모아 『난설헌집』이라는 책을 만듦.
- ☑ 조선에서 인정받지 못한 허난설헌의 시는 중국과 일본에서 높은 평가를 받음.
- = 허난설헌이 조선 전기에만 태어났어도 능력을 펼칠 수 있었을지 몰라.

■ 김만덕
- ☑ 제주도 출신의 상민 여성으로 사업가이자 사회 활동가임.
- ☑ 어려서 부모를 잃고 어른이 되어 장사를 시작함.
- ☑ 제주에 큰 흉년이 들어 많은 제주 백성들이 굶게 되자, 김만덕은 쌀을 사서 굶주린 사람들에게 나누어 줌.
- ☑ 김만덕의 선행이 정조에게 알려짐. → 채제공은 『만덕전』을 지어 김만덕의 선행을 널리 알림.
- = 여성의 활동이 힘들던 시기에도 이를 극복한 사람이 있었다니, 정말 대단해!

한국사 퀴즈

01 다음 빈칸에 들어갈 알맞은 말을 쓰세요.

1. 조선 중기 이후 ☐☐ 질서가 강화되면서 여성의 사회적 지위가 낮아졌다.
2. 조선 중기부터 결혼한 여자가 남편의 집안에 들어가서 살림살이를 하는 즉, ☐☐☐☐을(를) 하는 여성들이 많아졌다.
3. ☐☐☐☐은(는) 허균의 누나로 글재주가 뛰어났다.

02 알맞은 말을 골라 ○표 하세요.

1. 조선 시대 (상민 / 양반) 여성은 집안일과 농사일을 하면서 무명과 삼베를 만들기도 했다.
2. 「초충도」를 그린 (신사임당 / 허난설헌)은 어려서부터 그림에 재능이 있었다.
3. (김만덕 / 허난설헌)은 제주에 큰 흉년이 들었을 때 장사를 하여 모든 돈으로 쌀을 사 굶주린 백성들에게 도움을 주었다.

03 다음 글의 빈칸에 공통으로 들어갈 인물을 쓰세요.

> 5만 원권 지폐의 모델은 ☐☐☐☐이다. ☐☐☐☐은(는) 결혼 후 자녀들을 훌륭하게 키운 것으로 유명한데, 그중 율곡 이이는 조선 시대의 뛰어난 학자로 존경받았다.

01 예상문제

다음 각 시기와 그 시기에 맞는 여성의 지위를 옳게 연결하시오.

(1) 조선 전기 •　　• ㉠ 이 시대부터 주로 여성은 결혼을 하면 시집으로 들어가 살게 됨.

(2) 조선 중기 이후 •　　• ㉡ 고려 여성의 지위가 이어졌으며, 결혼 후 친정살이를 하는 경우가 많았음.

(3) 조선 후기 •　　• ㉢ 재산 상속에 있어서 남성과 차별을 받았으며 집안일에만 전념하고, 사회 활동을 거의 못함.

고려 시대에 여성은 남성과 차별 없이 재산을 상속받고 제사를 지냈어요. 이는 조선 전기까지 이어지다가 유교 사상이 자리를 잡기 시작하면서 여성의 사회적 지위가 변하기 시작하였어요.

02 예상문제

다음이 설명하는 조선 시대 여성이 따라야 할 세 가지 도리는?

- 어렸을 때는 아버지를 따른다.
- 결혼해서는 남편을 따른다.
- 남편이 죽으면 아들을 따른다.

① 삼종지도　　② 삼강오륜
③ 칠거지악　　④ 삼강행실도

삼종지도는 조선 시대에 여성이 따라야 할 세 가지 도리를 이르는 말이에요. 이를 통해 당시 여성이 권리를 억압받았고 여성의 삶이 자유롭지 못했음을 알 수 있어요.

조선 시대에 여성의 생활 모습은 각기 달랐어요. 양반 계층의 경우 남성과 여성이 하는 일이나 집 안에서 지내는 장소 등이 더 명확하게 구분되었어요.

03 다음은 조선 시대 신분에 따른 여성의 생활 모습을 구분한 것이다. 빈칸에 들어갈 알맞은 신분을 쓰시오.
예상문제

(1) ☐☐ 여성	• 음식 장만, 손님맞이 등 집안일을 관리하였음. • 남편이 죽어도 재혼하기 어려웠음. • 양반 남성과 하는 일, 집 안에서 지내는 장소 등이 명확히 구분됨.
(2) ☐☐ 여성	집안일과 농사일을 하면서 무명과 삼베를 만들기도 함.
(3) ☐☐ 여성	관청, 양반집 등에서 힘든 일을 도맡아 함.

신사임당은 어려서부터 바느질, 그림 등에 남다른 재능이 있었어요. 특히 풀과 곤충을 소재로 한 그림인 「초충도」가 유명해요.

04 (가)에 들어갈 인물은?
예상문제

• 제목 : 초충도
• 그린 사람 : _____(가)
• 그린 시기 : 조선 중기

① 김홍도　　② 신윤복　　③ 신사임당　　④ 허난설헌

116　04. 조선 사회의 새로운 움직임

05 (가)에 들어갈 무형 문화유산으로 옳은 것은? [2점]

초급
제24회
(29번)

```
○        역사 인물 카드
┌─────┬──────────────────┐
│     │ • 시기: 조선 후기   │
│ (가) │ • 출신: 제주도      │
│     │ • 직업: 상인        │
│     ├──────────────────┤
│     │ • 한 일: 많은 재산을 │
│     │   내어 굶주린 제주도 │
│     │   백성들을 구함.    │
└─────┴──────────────────┘
```

김만덕은 조선 시대의 상민 여성으로 사업가이자 사회 활동가였어요. 특히 제주에 큰 흉년이 들었을 때 장사를 하여 모은 돈으로 쌀을 사서 굶주린 백성들에게 나누어 주었습니다.

① 김만덕

②  논개

③  신사임당

④  허난설헌

06 다음 중 허난설헌과 관계있는 낱말을 모두 골라 ○표 하세요.

예상
문제

- 허균
- 제주
- 조선 시대
- 장수(長壽)
- 율곡 이이
- 『난설헌집』

허난설헌은 『홍길동전』을 지은 허균의 누나로, 어려서부터 글재주가 뛰어났지만 여성이라는 이유로 재능이 높게 평가되지 못하였고 젊은 나이에 일찍 세상을 떠났어요. 허균은 허난설헌의 시를 모아 『난설헌집』을 펴냈어요.

4 조선 사회의 새로운 움직임

농민들은 왜 불만을 가졌을까?

1 농민 봉기의 배경과 과정

■ 농민 봉기가 일어난 배경
- ☑ 세도 정치로 관리들이 부정부패를 일삼음.
  - 세도 정치는 왕실과 외척 가문을 중심으로 몇몇 가문이 나라를 다스리는 것
- ☑ 관리들이 환곡 제도를 이용해 억지로 곡식을 빌려주고 비싼 이자를 받음.
  - 환곡은 가난한 농민을 돕기 위하여 봄에 나라에서 곡식을 빌려 주었다가 가을에 이자를 붙여서 갚도록 하는 제도

■ 홍경래의 난
- ☑ 평안도 지역 사람들은 오랫동안 많은 차별을 당했기 때문에 다른 지역보다 불만이 더 컸음.
- ☑ 1811년 홍경래는 세도 정치와 지역 차별을 비판하면서 평안도 사람들과 난을 일으킴.
- ☑ 열흘 만에 청천강 이북 지역을 장악하였으나, 관군이 진압함.
- ☑ 비록 실패로 끝났지만, 그 뒤에 일어난 농민 봉기에 영향을 줌.

■ 진주 농민 봉기
- ☑ 홍경래의 난 이후에도 관리들의 부정부패는 여전히 계속됨.
- ☑ 진주의 농민들이 관청으로 몰려가 탐관오리들을 굴복시킴.
- ☑ 1862년의 진주 농민 봉기를 시작으로 경상도, 전라도, 충청도, 제주도까지 이어짐.

= 부당한 사회 현실에 맞서 농민들이 일어났군. 농민들의 사회 의식이 성장했어!

▶ 조선 후기의 농민 봉기

(5) 조선을 뒤덮은 농민의 함성

✱✱ 농민 봉기를 해결하기 위한 노력은?

2 농민 봉기 해결을 위한 노력

■ 조정의 대응
- ☑ 중앙에서 관리를 파견하여 농민의 요구 조건을 받아들임.
- ☑ 부정을 저지른 자들을 처벌함.
- ☑ 세금 문제를 해결하기 위한 개선안 마련 → 전체적으로 큰 성과를 거두지는 못함.

✱✱ 조선 후기에 새로 생겨난 종교는 무엇일까?

3 새로운 종교, 동학

■ 동학이 일어난 배경
- ☑ 최제우는 서학이 우리 것을 해치고 사회를 위태롭게 한다고 생각함.
- ☑ 성리학만으로는 백성이 원하는 개혁과 변화를 이룰 수 없다고 판단

■ 동학의 창시
- ☑ 서학에 맞선다는 의미에서 동학을 창시
- ☑ 전통적인 민간 신앙, 유교, 불교 및 서학의 좋은 점을 받아들임.

■ 동학의 사상
- ☑ 인내천: 사람이 곧 하늘
  → 모든 사람이 평등하다는 사상
- ☑ 후천 개벽: 지금의 세상이 끝나고 백성이 바라는 새로운 세상이 열릴 것이라는 사상

■ 동학에 대한 나라의 반응
- ☑ 조선 시대에는 동학이 받아들여지기 어려웠음.
- ☑ 조정은 동학이 세상을 어지럽히고 백성을 속이는 종교라 하여 금지하고 최제우를 처형함.
  → 동학은 이후 동학 농민 운동으로 이어짐.

한국사 퀴즈

01 다음 빈칸에 들어갈 알맞은 말을 쓰세요.

1. 왕실의 외척 가문을 중심으로 몇몇 가문이 권력을 차지하여 나라를 다스리는 것을 ☐☐ 정치라고 한다.
2. ☐☐ 은(는) 가난한 농민을 돕기 위하여 봄에 나라에서 곡식을 빌려주었다가 가을에 이자를 붙여서 갚도록 하는 제도이다.
3. ☐☐☐ 은(는) 평안도 사람들과 함께 난을 일으켰다.

02 알맞은 말을 골라 ○표 하세요.

1. 세도 정치 시기에 백성은 (관리들의 부정부패 / 과거 시험이 없어졌기) 때문에 고통을 겪었다.
2. 인내천과 후천 개벽 사상으로 동학을 창시한 사람은 (최제우 / 홍경래)이다.
3. (진주 농민 봉기 / 임술 농민 봉기)를 시작으로 농민 봉기는 경상도, 전라도, 충청도 여러 곳으로 이어졌다.

03 다음 지도에서 (가)와 (나)에 들어갈 농민 봉기를 각각 쓰세요.

(가) : _____

(나) : _____

한국사능력검정시험 기출문제

01 다음 〈보기〉에서 세도 정치 시기의 환곡에 대한 설명으로 옳은 것을 모두 골라 기호를 쓰시오.
예상
문제

〈보기〉
㉠ 원래는 가난한 농민을 돕기 위한 제도였다.
㉡ 관리들은 백성들에게 아주 싼 이자를 받았다.
㉢ 환곡으로 인해 백성들이 삶이 더욱 어려워졌다.
㉣ 봄에 나라에서 곡식을 빌려 주었다가 가을에 이자를 붙여서 갚도록 하는 제도이다.

세도 정치 시기에는 부정부패를 일삼는 관리들이 늘어나 농민들의 생활이 점점 어려워졌어요. 특히 관리들은 환곡이라는 제도를 이용하여 억지로 곡식을 빌려 주고 비싼 이자를 받았어요.

02 다음 골든벨 문제에 대한 옳은 답을 들고 있는 학생은? [3점]
초급
제15회
(35번)

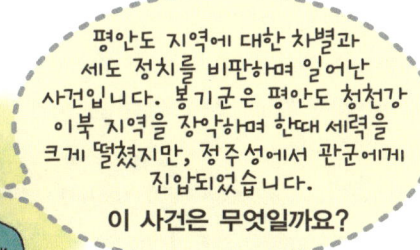
평안도 지역에 대한 차별과 세도 정치를 비판하며 일어난 사건입니다. 봉기군은 평안도 청천강 이북 지역을 장악하며 한때 세력을 크게 떨쳤지만, 정주성에서 관군에게 진압되었습니다. 이 사건은 무엇일까요?

1811년 홍경래는 세도 정치와 평안도 지역에 대한 차별을 비판하면서 농민 봉기를 일으켰어요.

①  임오군란
②  임꺽정의 난
③  홍경래의 난
④  동학농민운동

관리들의 부정부패를 참다 못한 진주의 농민들은 관청으로 몰려가 탐관오리를 굴복시켰어요. 이를 시작으로 농민 봉기는 경상도, 전라도, 충청도를 비롯하여 전국 곳곳으로 이어졌습니다.

03 (가)에 들어갈 제목으로 적절한 것은? [3점]

초급 제17회 (29번)

역사 신문 ○○○○년 ○○월 ○○일

기획 특집 (가)

부패한 관리들이 늘어나고 각종 세금을 과도하게 거두어들여 백성들의 생활은 더욱 어려워졌다. 이에 몰락한 양반 유계춘, 이계열 등을 중심으로 농민들이 봉기하였고 전국으로 봉기가 확산되었다. 나라에서는 관리를 파견하고 조세 제도를 고치겠다는 약속을 하였으나, 아직까지 그 약속은 지켜지지 않았다.

① 들불처럼 일어난 진주 농민들
② 일본군을 무찌른 청산리 대첩
③ 관군에게 승리한 황토현 전투
④ 차별 철폐를 외친 망이·망소이

조선 후기 최제우는 동학을 창시하여 인내천과 후천 개벽 사상을 중심으로 백성들에게 새로운 희망을 심어 주었어요. 『동경대전』은 동학의 교리를 담은 책이에요.

04 (가)에 들어갈 내용으로 적절한 것은? [2점]

초급 제13회 (22번)

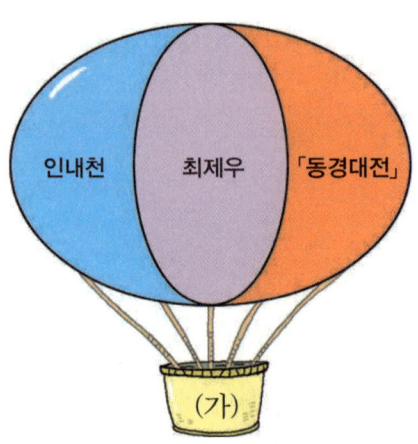

① 동학 ② 유학 ③ 천주교 ④ 민간 신앙

122 04. 조선 사회의 새로운 움직임

05 다음 종교에 대한 설명으로 옳지 <u>않은</u> 것은? [2점]

최제우는 서학이 우리 것을 해치고 사회를 위태롭게 한다고 생각하여 동학을 창시하였어요. 동학의 교리를 모은 책으로는 『용담유사』, 『동경대전』 등이 있으며, 『천주실의』는 천주교의 교리를 담은 책이에요.

① 교리책으로 천주실의가 있다.
② 서학에 대항하기 위하여 만들어졌다.
③ 민간 신앙, 유교, 불교, 등이 녹아 있다.
④ 나라에서 금하였으나 널리 퍼져나갔다.

06 도서관에 책을 전시할 때 (가)에 들어갈 주제로 옳은 것은?

[3점]

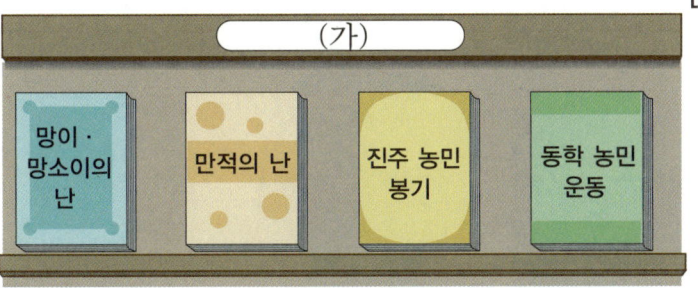

망이·망소이의 난, 만적의 난은 고려 시대 하층민의 저항 운동이며, 진주 농민 봉기, 동학 농민 운동은 조선 후기 농민 봉기입니다.

① 북벌 운동   ② 의병 활동
③ 고구려 부흥 운동   ④ 농민과 천민의 저항 운동

05 근대 국가 수립을 위한 노력과 민족 운동

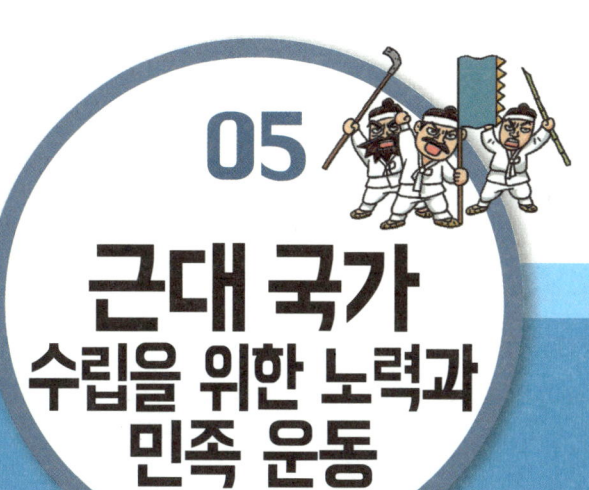

1 조선의 개항

2 자주독립 국가의 선포

3 나라를 지키기 위한 노력

4 나라를 되찾기 위한 노력

5 근대 국가 수립을 위한 노력과 민족 운동

※※ 서양의 통상 요구에 관한 조선의 대응은?

1 흥선 대원군의 정책

흥선 대원군의 개혁 정치
- ☑ 부패한 관리를 내쫓고 능력에 따라 인재를 고루 등용함
- ☑ 양반에게도 군포를 거두고, 서원을 정리함. = 군대에 가지 않는 대가로 내던 삼베나 무명이 군포야!
- ☑ 왕권을 강화하기 위해 경복궁 중건
- ☑ 다른 나라와의 통상 수교를 반대

※※ 조선의 통상 거부로 어떤 일이 벌어졌을까?

2 서양 세력의 침략

병인양요와 신미양요

병인양요 (1866년)	☑ 조선이 프랑스인 선교사를 비롯한 천주교도를 처형 → 프랑스가 강화도를 침략 ☑ 프랑스군이 강화 정족산성에서 조선군에게 패함. ☑ 프랑스군이 외규장각의 귀중한 물건을 빼앗은 뒤 물러감.
신미양요 (1871년)	☑ 평양의 관리와 백성들이 미국의 상선 제너럴셔먼호를 침몰시킴. → 미국이 강화도를 침략 ☑ 어재연이 이끄는 조선군이 강화 광성보에서 끝까지 맞서 싸우자 미군은 스스로 물러남. ☑ 흥선 대원군이 척화비를 세움.

강화도 조약
- ☑ 일본이 운요호 사건을 핑계로 조선에 개항을 요구함.
- ☑ 강화도 조약 체결: 조선이 일본에 개항을 하게 됨.
- ☑ 강화도 조약은 조선이 외국과 맺은 최초의 근대적 조약이자 불평등 조약

(1) 조선의 개항

✱✱ 개항 이후, 어떤 일이 일어났을까?

3. 개항 이후 조선에서 일어난 일들

■ 임오군란(1882년)

원인	☑ 신식 군인인 별기군과의 차별로 구식 군인들의 불만이 컸음.
과정	☑ 구식 군인과 도시 빈민이 관청과 일본 공사관을 습격함.
결과	☑ 청의 군대가 개입하여 진압 → 청이 조선의 정치에 간섭하기 시작

■ 갑신정변(1884년)

원인	☑ 청의 간섭이 심해져 정부의 근대화 추진이 늦어짐.
과정	☑ 일본의 도움을 받은 급진 개화파가 우정총국 개국 축하연에서 정변을 일으킴. ☑ 청에 대한 조공 폐지, 신분제 폐지 등을 발표함.
결과	☑ 청군의 반격과 일본군의 철수로 삼 일 만에 실패로 끝남. ☑ 일본에 기대어 개혁을 추진하려고 한 한계가 있음.

■ 동학 농민 운동(1894년)

원인	☑ 지방 관리의 횡포가 계속되어 농민들의 생활이 더욱 어려워짐.
과정	☑ 전봉준을 중심으로 농민들이 봉기 ☑ 청과 일본의 군대 파견 ☑ 농민군 스스로 해산: 청과 일본 등의 외세의 개입을 막기 위함. ☑ 청일 전쟁 발생(1894년): 조선 조정이 양국 군대의 철수를 요구했으나, 일본은 이를 거부하고 조선 땅에서 청을 공격
결과	☑ 농민군 다시 봉기 → 관군과 일본군에게 패함. 전봉준은 처형당함.

한국사 퀴즈

01 다음 빈칸에 들어갈 알맞은 말을 쓰세요.

1. ☐☐☐☐ 은(는) 서양과 교류를 하지 않겠다는 뜻을 보여 주기 위해 전국에 척화비를 세웠다.
2. 1882년 신식 군인인 별기군과의 차별에 분노한 구식 군인이 ☐☐☐☐ 을(를) 일으켰다.
3. ☐☐☐ 조약은 조선이 외국과 맺은 최초의 근대적 조약이었으나, 조선에 불리한 불평등 조약이었다.

02 알맞은 말을 골라 ○표 하세요.

1. 병인양요 때 프랑스군은 퇴각하면서 (**우정총국** / **외규장각**)의 보물과 도서를 약탈했다.
2. 녹두 장군으로 불리며 동학 농민 운동을 이끈 인물은 (**전봉준** / **박규수**)이다.
3. 동학 농민 운동으로 인해 조선 땅에서 (**러일** / **청일**) 전쟁이 일어났다.

03 다음에서 설명하는 사건은 무엇인지 쓰시오.

> 임오군란 이후 청의 간섭이 더욱 심해지자 조선의 빠른 근대화를 원하던 급진 개화파는 좀처럼 뜻을 펼 수 없었다. 이에 급진 개화파는 일본의 힘을 빌려 우정총국 개국 축하연에서 정변을 일으켰다.

(   )

한국사능력검정시험 기출문제

01 다음 인물 카드의 주인공이 한 일로 옳지 <u>않은</u> 것은? [3점]
초급
제28회
(30번)

앞면

- ◆ 고종의 아버지
- ◆ 어린 고종을 대신하여 통치
- ◆ 서양 세력의 침입에 대처하고 민생 안정과 왕권 강화를 위한 정책 실시

뒷면

① 경복궁 중건 ② 비변사 폐지
③ 집현전 설치 ④ 척화비 건립

> 흥선 대원군은 안동 김씨 중심의 세도 정치를 물리치고 각종 개혁과 왕권 강화를 시도하였어요.

02 다음 자료에서 설명하는 사건으로 옳은 것은? [2점]
초급
제29회
(31번)

🔍 **역사** 돋보기 ○○○○

흥선 대원군의 프랑스 신부 처형을 빌미로 프랑스 군이 강화도를 침략하였다. 양헌수 장군은 500여 명의 병사를 거느리고 강화도 남쪽의 정족 산성에서 근대식 무기로 무장한 프랑스 군을 격퇴하였다.

양헌수 장군

① 갑신정변 ② 병인양요 ③ 신미양요 ④ 임오군란

> 조선이 프랑스인 선교사를 비롯한 천주교도를 처형하자 프랑스는 이 사건을 구실로 강화도를 침략하였어요. 이 사건을 병인양요라고 해요.

129

일본은 운요호 사건을 일으켜 조선과 강화도 조약을 맺고 조선을 강제로 개항시켰어요.

03 (가)에 들어갈 제목으로 적절한 것은? [2점]

초급
제20회
(3번)

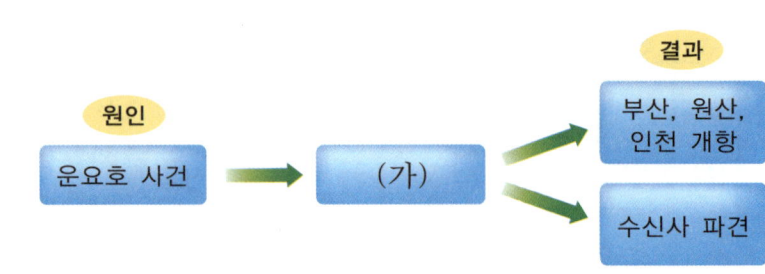

① 병인양요   ② 을사늑약
③ 러일 전쟁 ④ 강화도 조약

병인양요와 신미양요를 통해 두 차례나 서양의 침략을 물리친 흥선 대원군은 전국 각지에 척화비를 세워 서양과 교류하지 않겠다는 의지를 분명하게 밝혔어요.

04 (가)~(라)를 일어난 순서대로 나열할 때 마지막 사건으로 옳은 것은? [2점]

초급
제18회
(32번)

(가)

신미양요

(나)

병인양요

(다)

척화비 건립

(라)

제너럴 셔먼호 사건

① (가)   ② (나)   ③ (다)   ④ (라)

05 다음 조약에 대한 설명으로 옳지 <u>않은</u> 것은? [3점]

> **4조** 조선은 부산 이외의 다른 두 곳을 개항하고 일본인이 오고 가며 통상을 하도록 요구한다.
>
> **7조** 조선 해안을 일본의 항해자가 자유로이 측량하는 것을 허가한다.

① 일본에게 외교권을 빼앗긴 조약이다.
② 운요호 사건을 계기로 맺은 조약이다.
③ 외국과 맺은 최초의 근대적 조약이다.
④ 조선의 권익이 지켜지지 못한 불평등 조약이다.

제시된 조약은 강화도 조약의 일부 내용이에요. 강화도 조약은 조선이 외국과 맺은 최초의 근대적 조약이었으나 조선에 불리한 불평등 조약이었어요. 조선이 일본에 외교권을 빼앗긴 조약은 을사늑약이에요.

06 (가) 사건에 대한 설명으로 옳은 것은? [3점]

(가) 은(는) 이곳에서 개국 축하 잔치가 열릴 때 일어난 사건입니다.

우정총국

① 러시아의 지원을 받아 일어났다.
② 구식 군인들의 불만이 발생 원인이 되었다.
③ 부산, 원산, 인천을 개항하는 계기가 되었다.
④ 김옥균 등이 주도하였으나 3일 만에 실패로 끝났다.

임오군란 이후 청의 간섭이 심해지자 김옥균 등 조선의 빠른 근대화를 원하던 사람들은 일본의 힘을 빌려 우정총국 개국 축하 잔치에서 정변을 일으켰어요. 이것이 갑신정변으로, 3일 만에 실패로 끝났어요.

5 근대 국가 수립을 위한 노력과 민족 운동

✱✱ 대한 제국을 세운 까닭은?

1 대한 제국 수립 전의 상황

■ 갑오개혁(1894년)
- ☑ 나라의 낡은 제도를 바꾸고 근대 국가로 나아가기 위해 정치, 경제, 사회 등 각 부문에서 개혁 추진

■ 을미사변(1895년)
- ☑ 청일 전쟁 후, 일본의 영향력이 커지자 조선은 러시아의 힘으로 이를 막고자 함.
- ☑ 일본은 불리해진 상황을 되돌리려고 명성 황후를 시해함.
- ☑ 일본에 대한 반감이 높아지는 가운데 단발령이 실시됨. ➡ 항일 의병 운동이 나타남.
- ☑ 고종이 일본의 위협을 피해 러시아 공사관으로 거처를 옮김.
  ➡ 이 틈을 노려 서양의 여러 나라들이 조선의 이권을 침탈함.

■ 을미사변 이후 백성의 높아진 자주 의식

『독립신문』	☑ 서재필이 나라의 지원으로 창간 ☑ 나라의 소식을 한글로 실어 사람들이 쉽게 알도록 하였음.
독립 협회	☑ 백성의 성금을 모아 자주독립을 상징하는 독립문을 세움. ☑ 만민 공동회를 열어 러시아의 내정 간섭과 열강의 이권 침탈을 비판

✱✱ 드디어 고종이 돌아왔나보군!

2 대한 제국의 수립

■ 대한 제국 수립 선포(1897년)
- ☑ 고종이 환구단에서 황제 즉위식을 올리고, 나라 이름을 대한 제국으로 바꿈.
- ☑ 고종은 우리나라가 근대적인 자주독립 국가임을 세계에 알림.
- ☑ 새로운 국가의 모습을 갖추기 위해 개혁 정책을 실시함. ➡ 광무 개혁

(2) 자주독립 국가의 선포

※ 근대 문물의 수용으로 일어난 조선의 변화는?

3 조선의 변화된 모습

- **전등과 가로등**
  - ☑ 밤 시간을 이용하는 사람들 증가

- **전신과 전화**
  - ☑ 소식을 빠르게 주고받게 됨.

- **전차**
  - ☑ 거리 모습이 크게 바뀜.

- **기차**
  - ☑ 먼 곳까지 빠르게 이동 가능
  - ☑ 일본이 조선 침탈을 목적으로 만든 것

- **의복**
  - ☑ 다양한 색깔과 모양의 서양 옷을 입은 사람들이 늘어남.
  - ☑ 군인들도 서양식 군복을 입음.

- **음식**
  - ☑ 서양식 음식과 식사 문화가 들어옴.

- **근대식 학교**
  - ☑ 관립 학교: 소학교, 중학교, 기술 학교, 외국어 학교 등 다양한 학교를 운영
  - ☑ 사립 학교
    - 원산 학사: 함경도 주민과 지방관이 세운 최초의 근대적 사립 학교
    - 이화 학당과 배재 학당: 선교사들이 세운 대표적 학교

- **건축물**
  - ☑ 벽돌, 시멘트, 유리 등을 재료로 한 서양식 건물이 세워짐.
    → 덕수궁 석조전, 명동 성당 등

▲ 명동 성당

- **근대 시설**
  - ☑ 박문국: 인쇄 출판
  - ☑ 기기창: 서양식 무기 공장
  - ☑ 광혜원: 서양식 병원

한국사 퀴즈

01 다음 빈칸에 들어갈 알맞은 말을 쓰세요.

1. 1894년 조선 조정은 나라의 낡은 제도를 바꾸고 근대 국가로 나아가기 위해 정치, 경제, 사회 등 각 부문을 개혁하는 ☐☐☐☐(을)를 추진하였다.
2. 일본이 경복궁에 침입하여 명성 황후를 시해한 사건을 ☐☐☐☐(이)라고 한다.
3. 1897년 고종은 나라 이름을 ☐☐☐(으)로 바꾸고, 우리나라가 근대적인 자주 국가임을 선포했다.

02 알맞은 말을 골라 ○표 하세요.

1. 독립협회는 백성의 성금을 모아 자주독립을 상징하는 (**독립문** / **동대문**)을 세웠다.
2. 서재필은 나라의 지원으로 (**독립신문** / **황성신문**)을 창간했다.
3. 전신과 (**전등** / **전화**)의 등장으로 소식을 빠르게 주고받을 수 있었다.

03 다음은 우리나라 최초의 서양식 병원입니다. 이 병원의 이름을 쓰세요.

(　　　　　　　　　)

한국사능력검정시험 기출문제

01 (가)에 들어갈 내용으로 옳은 것은? [2점]

갑오개혁 통신 제○호

개혁을 알리노라!

- 조혼을 금지한다.
- 도량형을 통일한다.
- 과거제를 폐지한다.
- (가)

① 별기군을 창설한다.
② 신분제를 폐지한다.
③ 집강소를 설치한다.
④ 척화비를 건립한다.

조선 조정은 1894년 갑오개혁을 실시하여 나라의 낡은 제도를 바꾸고 근대 국가로 나아가고자 하였어요. 이때 신분 제도와 과거 제도가 폐지되었어요.

02 밑줄 그은 '이 단체'가 만들어질 당시에 볼 수 있는 모습으로 적절한 것은? [3점]

서재필은 나라의 독립을 지키려면 국민의 애국심과 자주 정신이 필요하다고 생각하였다. 이에 그가 중심이 되어 독립신문을 창간하고 이 단체를 만들었다.

① 척화비를 세우기 위해 돌을 다듬는 석공
② 3.1 운동에 참여하여 태극기를 흔드는 학생
③ 러시아 공사관으로 거처를 옮겨 생활하는 왕
④ 국채 보상 운동에 동참하여 성금을 내는 부녀자

독립신문의 창간 이후 설립된 독립 협회는 러시아 공사관에 피신해 있는 고종의 환궁을 요구하여 결국 고종이 경운궁으로 돌아왔어요.

러시아 공사관에서 경운궁으로 돌아온 고종은 환구단에서 황제 즉위식을 올리고, 나라 이름을 대한 제국으로 바꾸었어요.

03 초급 제21회 (32번) (가)에 들어갈 장소로 옳은 것은? [3점]

나는 1897년에 (가) 에서 대한 제국 황제로 즉위하였노라.

①
광혜원

②
종묘

③
사직단

④
환구단

개항 이후 교육의 중요성이 강조되면서 근대식 학교가 세워졌습니다. 특히 서양 선교사들은 배재 학당, 이화 학당 등을 설립하여 근대 교육에 이바지하였어요.

04 초급 제30회 (36번) 다음 교육 기관의 공통점으로 옳은 것은? [3점]

① 평양에 설립되었다.
② 광산 기술자를 양성하였다.
③ 외국인 선교사가 설립하였다.
④ 양반 자제들을 교육하기 위하여 세웠다.

05 다음 가상 신문에 실릴 광고로 적절하지 <u>않은</u> 것은? [2점]

초급
제19회
(35번)

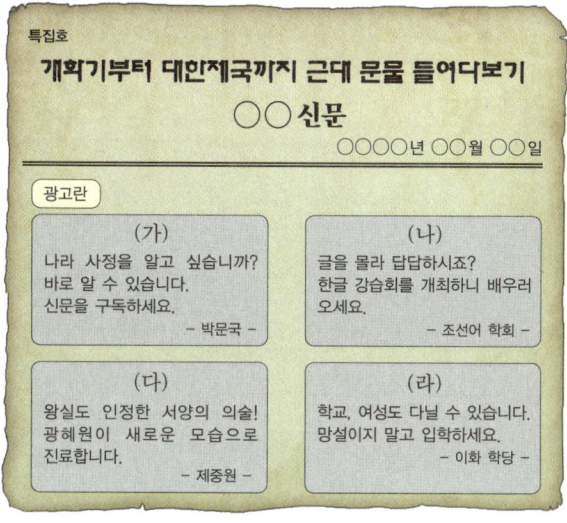

① (가)　　② (나)　　③ (다)　　④ (라)

개항 이후 신문사, 서양식 병원, 근대식 학교 등이 세워졌어요. 조선어 학회는 일제 강점기에 우리의 글을 연구하기 위해 만든 단체예요.

06 오른쪽 공모전에 출품한 작품으로 적절하지 <u>않은</u> 것은? [3점]

초급
제29회
(34번)

광고 공모전
1. 주제: 개항 이후 처음 들어온 근대 문물
2. 접수 기간: 2015년 ○○월○○일~○○월○○일

① 천리 밖 소식을 귓전에서!
전화기

② 밤도 낮과 같이 불을 밝히세요!
전등

③ 먼 거리도 한달음에!
전차

④ 답답한 세상 환하게 보세요!
안경

개항 이후 전등, 가로등, 전신, 전화, 전차 등의 근대 문물이 들어와 사람들의 생활 모습이 크게 바뀌었어요.

5 근대 국가 수립을 위한 노력과 민족 운동

을사늑약에 대한 우리 민족의 반응은?

1 을사늑약 체결 전의 상황

러일 전쟁 발생(1904년)
- ☑ 일본은 대한 제국을 차지하려고 러시아와 전쟁을 벌임.
- ☑ 일본은 전쟁이 시작되자, 우리 영토와 시설을 군사적으로 이용하고자 함.
- ☑ 독도를 자신의 영토에 강제로 편입 시킴.
- ☑ 일본 승리 ➡ 일제는 우리나라에 대한 침략을 본격적으로 추진

일본은 어떤 과정을 거쳐 조선을 식민지로 만들었을까?

2 을사늑약(1905년)의 체결

을사늑약
- ☑ 일제는 고종 황제의 거부에도 불구하고 대한 제국의 외교권을 빼앗는 조약을 강제로 체결함.
- ☑ 일제는 대한 제국을 침략하기 위해 한성에 통감부를 설치하고 내정을 장악함.
- = 고종의 도장이 없는 을사늑약은 국제법상 무효야!

우리 민족의 저항
- ☑ 을사늑약의 무효를 주장하면서 부당함을 알리는 글을 신문에 실음.
- ☑ 전국에서 의병이 일어나 일본군과 전투를 벌임.
- ☑ 을사늑약에 반대해 스스로 목숨을 끊는 사람도 있었음. ➡ 민영환
- ☑ 고종 황제의 헤이그 특사 파견: 고종 황제는 만국 평화 회의가 열리는 네덜란드 헤이그에 특사를 파견하여 을사늑약이 무효임을 국제 사회에 알리려고 함. ➡ 일본의 방해로 회의장에 들어가지 못함.
- ☑ 헤이그 특사 파견을 구실로 일제는 고종 황제를 강제로 퇴위시킴.

▲ 헤이그 특사(왼쪽부터 이준, 이상설, 이위종)

(3) 나라를 지키기 위한 노력

※ 본격적인 민족의 저항이 시작되다

3 항일 의병 운동과 애국 계몽 운동

■ 항일 의병 운동
- ☑ 을사늑약에 대한 저항으로 전국에서 의병 운동이 다시 일어남.
  → 민종식(충청도), 최익현(전라도), 신돌석(태백산맥 일대)의 활약
- ☑ 강제 해산된 군인들이 의병에 합류함. = 의병의 전투력이 높아졌겠군!
- ☑ 의병 전쟁의 확산: 각 지역에서 활동하던 의병들이 연합 부대를 만듦.
  → 대한 제국의 수도인 한성을 향해 진격 작전을 벌였지만 실패
- ☑ 일제의 탄압으로 국내 활동이 어려워짐. → 만주나 연해주로 이동해 항일 투쟁을 이어감.

■ 애국 계몽 운동
- ☑ 민족의 실력을 길러 나라를 지키기 위해 전개
- ☑ 민족 지도자들은 학교를 세우고 신문과 잡지를 발간함.
- ☑ 산업을 발전시켜 나라를 부강하게 만들고자 함.
- ☑ 국채 보상 운동(1907년): 일제에 진 빚을 우리가 갚아 경제적으로 자립하자는 운동
- ☑ 신민회: 안창호, 양기탁 등이 조직한 비밀 단체 → 나라의 힘을 기르기 위한 방법으로 교육에 힘을 쏟고 산업을 발달시켜야 한다고 주장
  - 오산 학교와 대성 학교를 세우고, 민족 기업을 육성
  - 만주에 독립운동 기지를 건설하고 독립군을 키움.

■ 의거 활동
- ☑ 전명운과 장인환: 미국에서 일제의 침략을 지지한 미국인 스티븐스 저격
- ☑ 안중근: 침략에 앞장섰던 이토 히로부미를 저격
- ☑ 이재명: 을사오적 중 한 명인 이완용을 습격

= 전명운과 장인환은 서로 모르는 사이였대. 그런데도 같은 날을 골라 저격을 했다니 정말 놀랍지?

한국사 퀴즈

01 다음 빈칸에 들어갈 알맞은 말을 쓰세요.

1. 일본은 대한 제국에 대한 러시아의 영향력이 강해지자 러시아와 전쟁을 벌였는데 이를 ☐☐ 전쟁이라고 한다.
2. 고종 황제의 거부에도 불구하고 일본은 ☐☐☐☐을(를) 강제로 체결하여 대한 제국의 외교권을 빼앗았다.
3. 일제에 진 빚을 갚아 경제적으로 자립하자는 ☐☐☐☐ 운동이 전개되었다.

02 알맞은 말을 골라 ○표 하세요.

1. (이재명 / 민영환)은 을사늑약에 반대해 스스로 목숨을 끊었다.
2. (안중근 / 안창호)은(는) 우리나라의 침략에 앞장섰던 이토 히로부미를 저격했다.
3. 안창호, 양기탁 등은 교육과 산업의 발달을 통해 힘을 길러야 함을 주장하면서 (신민회 / 국채 보상 운동)을(를) 조직했다.

03 다음 빈칸에 들어갈 알맞은 말을 쓰세요.

고종 황제는 을사늑약이 무효임을 국제 사회에 알리기 위해 만국 평화 회의가 열리는 네덜란드에 오른쪽 사진의 사람들을 파견하였다. 이들을 ☐☐☐☐☐☐(이)라고 한다.

140 05. 근대 국가 수립을 위한 노력과 민족 운동

01 밑줄 그은 '이 조약'의 내용으로 옳은 것은? [3점]
초급 제29회 (33번)

역사신문 1905년 ○○월 ○○일

[사설] 강제로 체결된 이 조약은 무효이다!

고종 황제는 끝까지 조약에 반대하였으나, 이토 히로부미는 궁궐 주변을 군대로 포위하고 친일 대신들을 부추겨 강제로 조약을 체결하였다. 따라서 조약 체결은 무효이다.

일제는 고종 황제의 거부에도 불구하고 대한 제국의 외교권을 빼앗는 조약을 강제로 체결하였어요. 이를 강제로 맺은 조약이라 하여 을사늑약이라고 해요.

① 군대의 해산
② 사법권의 상실
③ 외교권의 박탈
④ 세 항구의 개항

02 다음 자료의 외교 사절을 파견한 배경으로 옳은 것은? [2점]
초급 제28회 (33번)

◆ 파견 연도: 1907년
◆ 파견 지역: 네덜란드의 헤이그
◆ 파견 인물: 이준, 이상설, 이위종

고종 황제는 만국 평화 회의가 열리는 네덜란드 헤이그에 특사를 파견하여 을사늑약이 무효임을 전 세계에 알리고자 하였어요.

① 을사늑약 체결
② 조선 총독부 설치
③ 고종 황제 강제 퇴위
④ 대한 제국 군대 해산

03 다음 인물의 활동으로 옳은 것은? [3점]

초급 제23회 (31번)

을사늑약 체결 이후 전국 각지에서 항일 의병 운동이 일어났어요. 전라도에서는 최익현이 의병을 일으켰어요.

일본인은 탐욕스럽고 도리를 모릅니다. 어찌 그들과 상대하겠습니까? 만약 일본과 교역하시려면 차라리 소신 최익현에게 벌을 내려주십시오.

① 헤이그 특사로 파견되었다.
② 이토 히로부미를 사살하였다.
③ 을사늑약에 반대해 의병을 일으켰다.
④ 청산리 전투에서 일본군을 물리쳤다.

04 밑줄 그은 내용과 관련된 민족으로 옳은 것은? [3점]

초급 제13회 (31번)

일제의 침략에 맞서 항일 의병 운동이 전개되는 동안 다른 한편에서는 민족의 실력을 길러 나라를 지켜야 한다는 애국 계몽 운동이 전개되었어요.

선생님, 이 그림은 무슨 그림이에요?
1909년 신문에 실린 그림이야.
왜 지식인들이 붓을 들고 군인들처럼 행진하고 있나요?
<u>실력 있는 지식인을 키워 나라를 지켜야 한다</u>는 의미가 담겨 있어.

① 3.1 운동 ② 의병 운동
③ 애국 계몽 운동 ④ 무장 독립운동

142 05. 근대 국가 수립을 위한 노력과 민족 운동

05 다음 가상 인터뷰에서 밑줄 그은 '비밀 단체'로 옳은 것은? [2점]

일제의 탄압이 심해지자 안창호, 양기탁 등은 신민회라는 비밀 단체를 조직하였어요.

① 신민회
② 북로 군정서
③ 조선 의용대
④ 한국 광복군

06 다음 시나리오의 소재가 된 민족 운동으로 옳은 것은? [3점]

S # 17
• 때: 1907년 ○○월 ○○일
• 곳: △△신문 편집국

기 자 국장님! 대구에서는 가난한 사람들도 일본에 진 나라 빚을 갚겠다며 성금을 냈다고 합니다.
국 장 그래? 대한매일신보에서 모금 운동에 앞장서니 국민들의 호응이 크군. 우리 신문사도 그 내용을 기사로 내보내게.

일제의 경제적 침략에 대응하여 일본에 진 빚을 갚고 국권을 지키자는 국채 보상 운동이 전개되었어요. 대구에서 시작된 이 운동은 전국으로 퍼져 나가 다양한 계층의 사람들이 참여하였으나 일제의 방해와 탄압으로 실패하였어요.

① 형평 운동
② 국채 보상 운동
③ 물산 장려 운동
④ 민립 대학 설립 운동

5 근대 국가 수립을 위한 노력과 민족 운동

일제의 강압적인 식민 통치

1 일제의 식민 통치

일제의 통치 방식
- ☑ 일제는 조선 총독부를 설치하고 헌병 경찰제를 실시하여 강압적인 통치를 함.
  - → 태형 실시, 교사들에게 제복을 입히고 칼을 차게 함.
- ☑ 토지 조사 사업(1910년대)과 산미 증식 계획(1920년대)으로 농민들의 생활이 어려워짐.

이제 우리의 저력을 보여줄 때가 되었군

2 3.1 운동과 대한민국 임시 정부

3.1 운동(1919년)
- ☑ 배경: 민족 자결주의, 일본에 있는 한국인 유학생들의 독립 선언식 등
- ☑ 전개: 민족 대표들은 태화관에서, 학생과 시민은 탑골 공원에서 독립 선언식을 함.
- ☑ 결과: 만세 시위가 전국으로 퍼져 나갔고 해외에서도 일어남, 독립운동을 효과적으로 이끌기 위해 대한민국 임시 정부를 세움.
- = 전 세계에 우리 민족의 힘을 보여 준 사건이야!

대한민국 임시 정부 수립(1919년)
- ☑ 외교 활동이 편리한 중국 상하이에 위치
- ☑ 민주 정치 체제를 갖추고 비밀 연락망을 이용
- ☑ 독립신문을 발행하여 국내외 독립 소식을 알림
- ☑ 한국 광복군을 창설(1940년)하여 독립 전쟁을 시작함.

(4) 나라를 되찾기 위한 노력

■ 3.1 운동 이후의 우리 민족의 저항
- ☑ 봉오동과 청산리에서 일본군을 크게 무찌름.
- ☑ 광주 학생 항일 운동: 1929년 광주 학생들이 민족 차별 및 식민지 교육의 철폐를 주장하며 대규모 시위를 벌임. = 3.1 운동 이후 학생들이 벌인 최대 규모의 항일 운동이야!
- ☑ 한인 애국단: 김구가 조직, 이봉창(일왕의 마차에 폭탄 던짐.)·윤봉길(상하이 훙커우 공원에서 일본 장군과 관리들을 향해 폭탄을 던짐.)의 의거
- ☑ 민족 실력 양성 운동: 물산 장려 운동(국산품 애용), 민립 대학 설립 운동(민족 교육 담당할 대학 설립) 등
- ☑ 신간회 창립: 서로 다른 생각을 가진 사람들이 연합하여 만든 국내 최대 규모의 항일 단체 창립(1927년)

※ 일제의 민족 말살 정책과 우리 민족의 저항

3 민족정신을 지키기 위한 노력

■ 일제의 식민지 정책
- ☑ 일본어와 일본 역사를 가르치고, 우리나라 역사를 거짓으로 꾸며 가르침.
- ☑ 일본과 한국이 하나라고 주장하며 우리의 민족정신을 없애려 함.
- ☑ 신사 참배를 강요하면서 황국 신민 서사를 암송하도록 함.
- ☑ 성과 이름까지도 일본식으로 고치도록 함.
- ☑ 1930년대 이후, 전쟁에 필요한 사람과 물자를 강제로 빼앗아 감.

■ 민족 정신을 지키기 위한 우리 민족의 노력
- ☑ 조선어 학회를 설립하여 한글 보급에 앞장섬(이윤재, 최현배 등).
- ☑ 한국사에 관한 책을 써서 우리 민족의 긍지를 높임(박은식, 신채호 등).
- ☑ 문학 작품으로 항일 의지를 표현함(한용운, 심훈, 윤동주, 이육사 등).

 한국사 퀴즈

01 다음 빈칸에 들어갈 알맞은 말을 쓰세요.

1. 우리나라의 국권을 빼앗은 일제는 식민 통치를 하기 위한 기관으로 ☐☐☐☐☐ 을(를) 설치하였다.
2. 1919년 ☐월 ☐일 민족 대표들은 독립 선언식을 가졌고, 수천 명의 학생과 시민은 탑골 공원에서 독립 선언식을 하고 만세 시위를 벌였다.
3. 민족 지도자들은 독립운동을 효과적으로 이끌기 위해 1919년 중국 상하이에 ☐☐☐☐☐☐☐☐ 을(를) 세웠다.

02 알맞은 말을 골라 ○표 하세요.

1. 박은식, 신채호 등은 (한국사 / 한글)에 관한 책을 써서 민족정신을 지키기 위해 노력하였다.
2. (한인 애국단 / 신간회)의 윤봉길, 이봉창 등이 의거를 일으켰다.
3. 민족 실력 양성 운동 중 하나로 국산품 애용을 통해 민족 기업을 키우려고 한 운동은 (민립 대학 설립 운동 / 물산 장려 운동)이다.

03 다음 빈칸에 알맞은 말을 쓰세요.

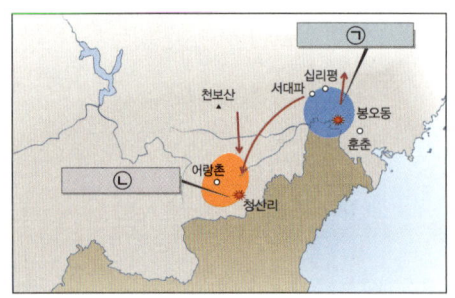

독립군이 일본군을 크게 무찌른 대표적인 전투는 (㉠   ) 전투와 (㉡   ) 대첩입니다.

146 05. 근대 국가 수립을 위한 노력과 민족 운동

한국사능력검정시험 기출문제

01 다음 민족 운동의 영향으로 옳은 것은? [2점]

초급 제30회 (35번)

3.1 운동을 계기로 민족 지도자들은 독립운동을 효과적으로 이끌 임시 정부가 필요하다는 것을 깨닫게 되었어요.

① 황성신문이 폐간되었다.
② 동학 농민 운동이 일어났다.
③ 대한 제국 군대가 해산되었다.
④ 대한민국 임시 정부가 세워졌다.

02 유라가 선생님께 이메일로 보고서를 보낼 때 첨부 파일로 옳지 않은 것은? [2점]

초급 제12회 (29번)

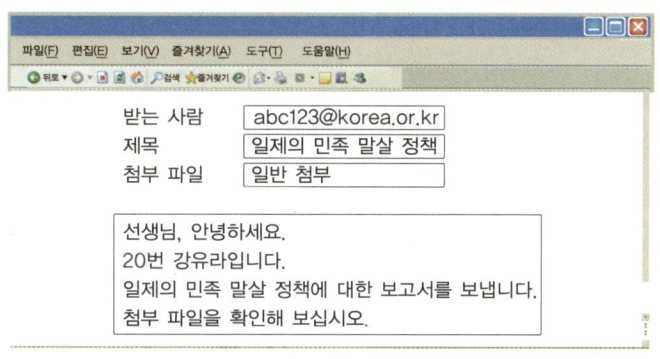

① 일본식으로 바뀐 이름들
② 제복을 입고 칼을 찬 일본인 교사들
③ 황국 신민 서사를 암송하는 학생들
④ 신사 참배를 강요당하는 사람들

일제의 식민 통치는 시기별로 1910년대의 헌병 경찰제, 1920년대의 민족 분열 통치, 1930년대 이후 민족 말살 정책으로 구분할 수 있어요. 1910년 대한 제국을 병합한 일제는 식민 통치의 최고 기구로 조선 총독부를 설치하고 헌병 경찰제를 실시하여 강압적인 통치를 하였어요. 이 시기에는 일반 관리와 교사에게도 제복을 입고 칼을 차게 하였어요.

147

김좌진과 홍범도 등이 이끄는 독립군 연합 부대는 숲이 우거지고 계곡이 깊은 청산리에 매복해 있다가 쳐들어온 일본군 부대를 공격하여 크게 승리하였습니다.

03 다음 대본에 나타난 전부로 옳은 것은? [2점]
초급 제31회 (37번)

독립군 부대, 일본군을 크게 물리치다!

- 때: 1920년 10월
- 장소: 백운평·천수평·어랑촌 등 일대
- 등장 인물: 김좌진, 홍범도, 독립군 부대원들, 일본 군인들

\# 1
(백운평 계곡에 김좌진이 이끄는 독립군 부대가 결전을 준비하며 총을 겨누고 있다.)
김좌진: (결의에 찬 목소리로) 모두 숨소리를 죽여라! 일본군이 가까이 오면 바로 기습 공격할 것이다.
독립군 부대원들: (낮고 긴장된 목소리로) 네!

① 백강 전투 ② 청산리 전투 ③ 쌍성보 전투 ④ 매소성 전투

1920년대 중반 이후 대한민국 임시 정부가 이끌던 독립운동이 어려움에 처하자, 김구는 1931년 한인 애국단을 조직하여 일제의 주요 인물들을 처단하였어요.

04 다음 인물의 활동으로 옳은 것은? [2점]
초급 제30회 (38번)

역사 인물 카드

김 구
(1876~1949)

- 대한민국 임시 정부 경무국장, 주석 등을 역임함.
- 광복 이후 통일 국가 수립을 위해 남북 협상에 참여함.

① 의열단을 조직하였다.
② 한인 애국단을 결성하였다.
③ 조선 혁명 선언을 작성하였다.
④ 신흥 무관 학교를 설립하였다.

05. 근대 국가 수립을 위한 노력과 민족 운동

05 (가)에 해당하는 인물로 옳은 것은? [2점]
초급 제24회 (33번)

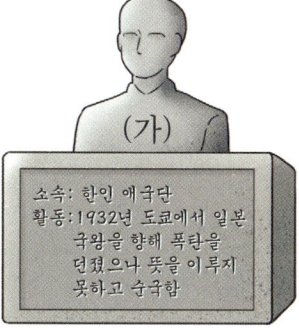

소속: 한인 애국단
활동: 1932년 도쿄에서 일본 국왕을 향해 폭탄을 던졌으나 뜻을 이루지 못하고 순국함

① 김상옥
② 이봉창
③ 윤봉길
④ 안중근

이봉창은 일본 도쿄에서 일본 왕을 처단하기 위해 왕이 탄 마차에 폭탄을 던졌어요.

06 다음과 같은 정신으로 우리 역사를 연구하여 민족의 독립 의지를 일깨운 사람은? [3점]
5급 제2회 (33번)

> 비록 나라는 망하더라도 혼이 사라지지 않으면 다시 일어설 수 있는데, 우리의 혼인 역사마저 불태워 없애니, 매우 안타깝고 한스럽지 않을 수 없다.

① 박은식
② 주시경
③ 황현
④ 이봉창

일제가 우리의 역사와 문화를 왜곡하는 식민 사관을 만들어 우리 민족의식을 말살하려 하자 신채호, 박은식 등의 역사학자들은 우리나라의 역사 연구를 통해 우리 민족의 우수성과 독창성, 자주적인 발전 등을 주장하였어요.

06 대한민국의 발전과 오늘의 우리

1. 8.15 광복과 대한민국 수립
2. 민족의 상처, 6.25 전쟁
3. 자유 민주주의의 시련과 발전
4. 경제 발전과 사회·문화의 변화
5. 대한민국의 미래와 평화 통일

6 대한민국의 발전과 오늘의 우리

※※ 드디어 독립! 8.15 광복과 그 후

1 8.15 광복과 분단의 과정

📘 8.15 광복
- ☑ 배경: 제2차 세계 대전 중 연합국이 우리 민족의 독립을 돕기로 약속
- ☑ 과정: 1945년 8월 초 미국이 일본 땅에 원자 폭탄 투하 → 일본의 무조건 항복 → 우리나라는 광복을 맞이함. = 우리 민족이 꾸준히 독립운동을 벌인 것도 중요한 이유라는 것 잊지마!

📘 분단의 과정
- ☑ 미군과 소련군이 일본의 무장 해제를 담당하기 위해 우리나라에 주둔함.
- ☑ 북위 38도를 기준으로 북쪽에는 소련군이, 남쪽에는 미군이 들어옴. = 분단의 시발점이 되었구나.

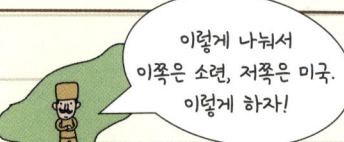

※※ 분단 이후 남과 북은?

2 남과 북의 대립 상황

📗 모스크바 삼국 외상 회의(1945년 12월)
- ☑ 모스크바 삼국 외상 회의의 결정안을 두고 우리 민족의 갈등이 심해짐.
- ☑ 미국, 영국, 소련 세 나라의 대표가 모여 한반도 문제를 의논
- ☑ 한반도에 민주적인 임시 정부 수립, 미·소 공동 위원회 설치 결정
- ☑ 임시 정부와 미·소 공동 위원회 협의를 통한 신탁 통치(특정 국가가 일정 지역을 대신 다스리는 체제, 신탁은 믿고 맡긴다는 뜻) 결정

= 신탁 통치 반대 운동이 일어났어. 하지만 소련의 명령을 받은 북한이 신탁 통치에 찬성하면서 갈등이 생겼어!

(1) 8.15 광복과 대한민국 수립

※ 분단은 절대 안 돼! 분단을 막기 위한 노력

3 통일 정부 수립을 위한 노력

■ **미·소 공동 위원회**
- ☑ 민주적인 임시 정부 수립과 신탁 통치 문제 등을 협의
- ☑ 미국과 소련의 의견 차이가 커서 임시 정부 수립에 어려움이 생김. → 우리나라의 문제를 해결할 수 없게 되자 미국은 이 문제를 국제 연합에 넘김. = 우리나라의 문제가 점점 우리의 손을 떠나게 되네.

■ **국제 연합의 결정**
- ☑ 남북한이 동시에 총선거를 실시하도록 결정하고 유엔 한국 임시 위원단을 파견함.
- ☑ 북한의 거부로 남한만이라도 총선거를 실시하도록 결정

■ **정부 수립에 대한 김구와 이승만의 입장**

김구	☑ 남한만의 총선거에 반대하며 통일 정부 수립을 위해 노력
이승만	☑ 통일 정부 수립이 어렵다면 남한만이라도 임시 정부를 세워야 한다고 주장

※ 대한민국과 북한은 결국 따로따로

4 대한민국 정부의 수립 과정

■ **대한민국 정부의 수립 과정**
- ☑ 5.10 총선거 실시(1948년): 민주적 절차에 따라 제헌 국회 의원을 선출
- ☑ 제헌 헌법 공포(1948년 7월 17일): 제헌 국회에서 헌법을 만들어 공포, 제헌 헌법은 3.1 운동과 대한민국 임시 정부의 독립 정신을 계승
- ☑ 대한민국 정부 수립 선포(1948년 8월 15일): 이승만 대통령이 국내외에 선포
- ☑ 국제 연합이 대한민국 정부를 한반도의 유일한 합법 정부로 승인(1948년 12월)

한국사 퀴즈

01 다음 빈칸에 들어갈 알맞은 말을 쓰세요.

1. 우리 민족의 꾸준한 독립운동과 연합국의 승리로 우리나라는 ☐☐ ☐년 ☐월 ☐☐일 광복을 맞이하였다.
2. 광복 후 북위 ☐☐ 도선을 기준으로 북쪽에는 소련군이, 남쪽에는 미군이 있었다.
3. 1948년 5.10 총선거를 통하여 구성된 제헌 국회는 나라 이름을 ☐☐☐(으)로 정했다.

02 알맞은 말을 골라 ○표 하세요.

1. (여운형 / 민영환)은 민족 지도자들과 함께 조선 건국 준비 위원회를 조직하였다.
2. 모스크바 삼국 외상 회의에서 임시 정부와 미·소 공동 위원회의 협의를 통한 (신탁 / 개혁) 통치를 결정하였다.
3. 5.10 총선거에서 우리나라 초대 (대통령 / 국회 의원)을 선출하였다.

03 다음 빈칸에 공통으로 들어갈 알맞은 말을 쓰세요.

> 7월 17일은 ☐☐절이다. ☐☐절은 초대 국회 의원들로 구성된 ☐☐ 국회에서 헌법을 만들어 국민들에게 널리 알린 날이다. ☐☐이란 '헌법을 만든다.'는 뜻이다. ☐☐절은 우리나라 5대 국경일 중의 하나이다.

한국사능력검정시험 기출문제

01 다음 회의가 있었던 시기를 연표에서 옳게 고른 것은? [3점]
초급 제28회 (38번)

◆ 회의 장소: 소련의 모스크바
◆ 참석자: 미국, 영국, 소련의 외무 장관
◆ 결정 내용
 - 조선 임시 민주 정부 수립
 - 미·소 공동 위원회 설치
 - 최대 5년간 신탁 통치 실시

회의 장면

1945	(가)	1948	(나)	1950	(다)	1953	(라)	1960
광복		대한민국 정부 수립		6.25 전쟁 발발		휴전 협정 체결		4.19 혁명

① (가)   ② (나)   ③ (다)   ④ (라)

1945년 12월 미국, 영국, 소련 세 나라의 대표는 모스크바에 모여 한반도 문제를 의논하였어요.

02 다음 회의의 결정 내용으로 옳은 것은? [3점]
초급 제18회 (39번)

모스크바 3국 외상 회의
날짜: 1945년 12월 27일

미국   영국   소련

① 신탁 통치 실시   ② 휴전 협정 체결
③ 남북한 총선거 시행   ④ 미국과 소련의 군정 실시

모스크바 삼국 외상 회의에서는 한반도에 민주적인 임시 정부 수립, 미·소 공동 위원회 설치, 신탁 통치 등을 결정하였어요.

국제 연합에서 남한만의 총선거를 결정하자 이에 반대한 김구는 북한을 방문하여 북한의 지도자들을 만나는 등 통일 정부를 수립하려고 노력하였어요.

03 다음 가상 인터뷰의 (가)에 들어갈 내용으로 적절한 것은? [2점]

초급 제16회 (38번)

① 신탁 통치 찬성을 위한 활동을 하고 있습니다.
② 대한민국 초대 대통령이 되어 바쁘게 지냅니다.
③ 5.10 총선거를 지지하는 강연을 하러 다닙니다.
④ 남북한 통일 정부 수립 협상을 위해 북한에 다녀왔습니다.

8.15 광복 이후부터 대한민국 정부 수립 사이의 시기에 일어난 사건을 고르는 문제예요. 1948년 5월 10일에 남한만의 총선거가 실시되었어요.

04 연표의 (가)에 들어갈 사진으로 적절한 것은? [3점]

초급 제26회 (38번)

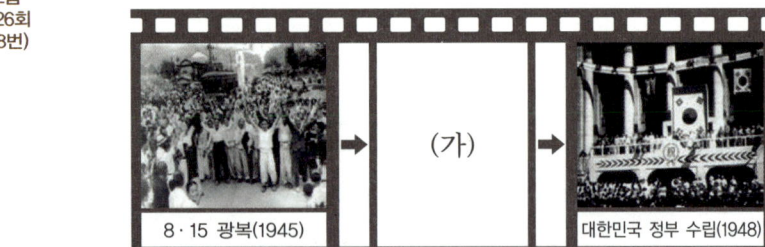

① 5·10 총선거

③ 6·25 전쟁

② 새마을 운동

④ 카이로 회담

156　06. 대한민국의 발전과 오늘의 우리

05 다음 선거 이후의 사실로 옳은 것은? [3점]

> **우리나라 최초의 민주 선거**
>
> • 배경: 국제 연합에서 남한만의 총선거 실시 결정
> • 결과: 제헌 국회 의원 선출

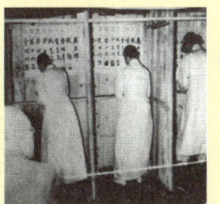

투표하는 모습

① 건국 동맹 조직
② 대한민국 정부 수립
③ 미·소 공동 위원회 설치
④ 모스크바 3국 외상 회의 개최

5.10 총선거는 우리나라 역사상 최초로 국민이 국회 의원을 뽑는 선거였어요. 이 선거로 제헌 국회 의원을 선출하였고, 제헌 국회에서는 제헌 헌법을 공포하고 마침내 1948년 8월 15일 대한민국 정부가 수립되었어요.

06 (가)에 들어갈 수 있는 사진으로 적절하지 않은 것은? [3점]

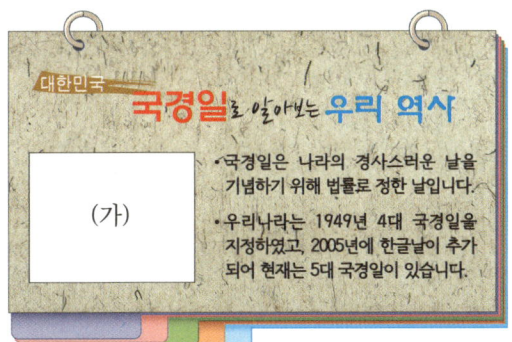

우리나라의 5대 국경일은 3.1절, 제헌절, 광복절, 개천절, 한글날이에요.

①
3·1절

②
광복절

③
제헌절

④
현충일

6 대한민국의 발전과 오늘의 우리

✱✱ 6.25 전쟁은 왜 일어났으며 그 과정은 어떠했을까?

1 6.25 전쟁의 전개 과정

■ 북한의 남한 침략
- ☑ 소련의 도움으로 전쟁을 준비한 북한이 38도선을 넘어 침략함.
- ☑ 국군은 삼 일 만에 북한군에게 서울을 빼앗김.

■ 인천 상륙 작전과 서울 수복
- ☑ 국제 연합은 16개국으로 구성된 국제 연합군 파병
- ☑ 국군과 국제 연합군은 인천 상륙 작전으로 서울을 되찾는 데 성공(9월 28일) = 전세 역전!
- = 질퍽질퍽한 갯벌을 뚫고 상륙했다니 대단한 걸.

■ 중국군의 개입과 1.4 후퇴
- ☑ 북한이 불리해지자 중국이 전쟁에 참여
- ☑ 국군과 국제 연합군은 후퇴하여 서울을 다시 빼앗김(1.4 후퇴) = 통일이 눈앞인데!
- ☑ 국군과 국제 연합군은 북한군과 전투를 벌여 다시 서울을 되찾음.

(2) 민족의 상처, 6.25 전쟁

휴전 협정 체결
- 북위 38도 부근에서 밀고 밀리는 치열한 전투가 계속됨.
  = 조금이라도 더 땅을 차지하고 협상에 유리한 상황을 만들기 위해서였지.
- 1953년 7월 27일 대한민국 정부의 반대에도 불구하고 휴전선을 정하여 전쟁을 멈추기로 약속하는 휴전 협정을 맺음.

6.25 전쟁이 남긴 상처

2. 우리 민족이 겪은 어려움

전쟁 중 생활 모습
- 많은 사람들이 살던 곳을 떠나 피란민이 되었음.
- 피란민이 낙동강 이남으로 몰려들면서 이들을 위한 천막촌과 천막 학교 등이 생겨남.
- 정부는 임시 수도를 부산으로 정함.

물적 피해
- 건물과 도로, 철도, 다리 등 주요 시설물이 파괴됨.
- 파괴된 시설물을 복구하는 데 막대한 시간과 비용이 들어감.
- 많은 문화재가 부서지거나 사라짐.

인적 피해
- 군인뿐만 아니라 민간인도 많이 죽거나 다침. = 전쟁으로 민간인의 피해도 컸어.
- 가족과 헤어져서 찾지 못하는 이산가족이 많아짐.
- 부모를 잃은 전쟁고아가 생겨남.
- 이산가족 찾기 방송, 남북한 이산가족 상봉과 같은 노력이 있었지만, 아직도 많은 사람들이 가족과 헤어진 채 살아가고 있음. = 얼마나 가족이 그리울까···

 한국사 퀴즈

01 다음 빈칸에 들어갈 알맞은 말을 쓰세요.

1. 6.25 전쟁이 일어나자, 국제 연합은 16개국으로 구성된 ☐☐ ☐☐ ☐을(를) 파병하였다.
2. 국제 연합군은 1953년 대한민국 정부의 반대에도 불구하고 휴전선을 정하여 전쟁을 멈추기로 약속하는 ☐☐ 협정을 맺었다.

02 알맞은 말을 골라 ○표 하세요.

1. 6.25 전쟁 중 북한이 불리해지자 (**중국군** / **일본군**)이 전쟁에 참여하였다.
2. 6.25 전쟁 당시 국군과 국제 연합군은 (**부산** / **인천**) 상륙 작전으로 서울을 되찾는 데 성공하였다.
3. 6.25 전쟁 중 피란을 갈 때 가족과 헤어져서 찾지 못하여 (**이산가족** / **다문화 가정**)이 생기게 되었다.

03 다음 자료의 빈칸에 들어갈 알맞은 말을 쓰세요.

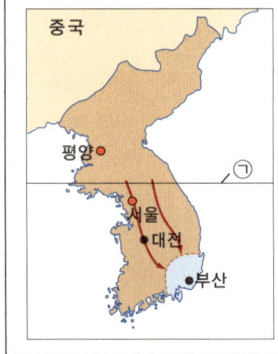

소련의 도움으로 전쟁을 준비한 북한이 1950년 6월 25일 ㉠의 ☐☐☐☐ 을(를) 넘어 남한을 침략했다.

한국사능력검정시험 기출문제

01 초급 제22회 (38번)

밑줄 그은 '이 전쟁'의 전개 과정에서 있었던 사실로 옳지 <u>않은</u> 것은? [3점]

1950년에 일어난 이 전쟁 당시 피란민의 모습입니다.

미·소 공동 위원회는 모스크바 삼국 외상 회의 결과로 열렸어요. 한반도에 민주적인 임시 정부를 수립하기 위해 개최되었어요.

① 인천 상륙 작전이 전개되었다.
② 북한군이 남침하여 시작되었다.
③ 미·소 공동 위원회가 개최되었다.
④ 중국군이 압록강을 건너 참전하였다.

02 초급 제20회 (38번)

(가)에 들어갈 사진으로 옳은 것은? [3점]

6·25 전쟁의 전개 과정

북한군 남침으로 전쟁 발발 / (가) / 중국군 참전 개시 / 휴전 협정 체결

6.25 전쟁이 시작되자 국군은 삼 일 만에 서울을 빼앗겼으나, 국제 연합군의 도움으로 서울을 되찾는 데 성공하였어요.

①

9·28 서울 수복 / 미·소 공동 위원회 개최

②

1·4 후퇴 / 모스크바 3국 외상 회의 개최

161

국군과 국제 연합군은 인천 상륙 작전으로 서울을 되찾는 데 성공하였고, 기세를 몰아 북쪽으로 향해 압록강까지 이르렀어요.

03 (가)에 들어갈 내용으로 옳은 것은? [2점]

초급 제22회 (38번)

> 38도선을 넘어 침략한 북한군에 밀린 우리는 낙동강까지 후퇴하였습니다. 그러나 지난 9월 15일의 (가) 을 계기로 서울을 수복하고 북진을 계속하고 있습니다. 이제 얼마 후면 집으로 돌아갈 수 있을 것입니다.
>
> 1950년 10월 ○○일
> - 어느 국군 병사가 보낸 편지의 일부 -

① 에치슨 선언 ② 중국군 개입
③ 반공 포로 석방 ④ 인천 상륙 작전

6.25 전쟁이 시작되자 많은 피란민이 낙동강 이남으로 몰려들면서 이들을 위한 천막촌과 천막 학교 등이 생겨났어요.

04 다음 기획전에서 볼 수 있는 사진으로 옳은 것은? [3점]

초급 제29회 (38번)

> **특별 기획전** "그땐 그랬지"
>
> 우리 박물관에서는 6·25 전쟁 당시의 학교 생활 모습을 담은 사진전을 마련하였습니다.
> • 장 소: ○○박물관
> • 기 간: 2015년 ○○월 ○○일 ~ ○○월 ○○일

①
천막 학교에서 공부하는 학생들

②
황국 신민 서사를 암송하는 학생들

③
육영공원에서 외국어 수업을 받는 학생들

④
산업화로 과밀화된 도시 학교의 2부제 수업 모습

06. 대한민국의 발전과 오늘의 우리

05 다음은 6·25 전쟁에 관한 사진들이다. 일어난 순서대로 옳게 배열한 것은? [3점]

초급
제8회
(40번)

(가) 북한 공산군의 남침
(나) 유엔군의 인천 상륙 작전
(다) 38도선을 넘어 북진하는 국군
(라) 휴전 협정

① (가)-(나)-(다)-(라)
② (가)-(다)-(나)-(라)
③ (나)-(가)-(다)-(라)
④ (나)-(다)-(가)-(라)

> 6.25 전쟁은 북한의 남한 침략으로 시작되어 삼 일 만에 북한군은 서울을 빼앗았어요. 그러나 국군과 국제 연합군은 인천 상륙 작전으로 서울을 되찾고 북쪽으로 향하였어요. 이후 중국군의 개입으로 공방전이 계속되다가 1953년 휴전 협정이 체결되었어요.

06 다음 (　) 안에 들어갈 알맞은 지역을 고르세요.

예상
문제

6.25전쟁 당시 낙동강 이남으로 후퇴한 정부는 (　　)을(를) 임시 수도로 정하였습니다.

① 평양
② 서울
③ 대전
④ 부산

> 낙동강 이남으로 후퇴한 정부는 부산을 임시 수도로 정하여 나라 살림을 하고 전쟁을 치렀어요.

6 대한민국의 발전과 오늘의 우리

대한민국, 민주주의 국가로 발돋움하다!

1 4.19 혁명과 5.16 군사 정변

■ 4.19 혁명
- ☑ 배경: 1960년 3월 15일에 실시된 정·부통령 선거에서 이승만과 이기붕은 부정한 방법으로 대통령과 부통령에 당선됨. = 부정 선거였어!
- ☑ 전개: 마산에서 학생과 시민들이 선거 무효를 주장하며 시위를 벌임. → 이승만 정부의 진압 → 시위가 전국으로 확산됨. → 1960년 4월 19일, 서울에서 부정 선거에 항의하는 학생과 시민의 대규모 시위가 벌어짐. = 이게 바로 4.19 혁명이야!
- ☑ 결과: 이승만이 대통령직에서 물러남. → 국회는 헌법을 고쳐 대통령은 나라를 대표하고 나라 살림은 국무총리가 하도록 함. = 독재에 맞선 민주주의의 승리!

■ 5.16 군사 정변
- ☑ 배경: 당시 정부가 4.19 혁명 이후 나온 각계각층의 요구에 적절히 대응하지 못함.
- ☑ 전개: 박정희를 중심으로 하는 일부 군인들이 국민 생활의 안정과 공산주의 반대를 주장하며 군대를 동원해 정권을 잡음. = 이건 부당한 방법이야.

■ 5.16 군사 정변 이후 민주주의의 시련
- ☑ 유신 체제 성립: 박정희는 1972년 국가 안보와 지속적인 경제 성장의 필요를 주장하며 10월 유신을 선포하고 헌법을 고침.
  = 유신 헌법은 개인의 자유와 민주주의를 억압하여 우리나라 민주주의의 발전에 걸림돌이 되었어.
- ☑ 유신 헌법 반대 운동 → 박정희 정부는 유신 체제 반대자들을 탄압함.
  - 부산과 마산에서 학생과 시민들이 대규모 시위를 일으킴.
- ☑ 박정희 대통령 피살 → 유신 헌법에 따른 통치가 끝남.

(3) 자유 민주주의의 시련과 발전

✶✶ 민주주의를 지켜내기 위한 노력은?

2. 1980년 이후 민주주의 발전 과정

■ 5.18 민주화 운동 (1980년)

배경	☑ 전두환을 중심으로 하는 신군부가 정변을 일으켜 정권 장악(12.12 사태)
과정	☑ 1980년 초부터 민주화를 요구하는 시위가 전국적으로 일어남. ☑ 1980년 5월 18일 광주에서 민주주의 회복을 요구하는 대규모 시위가 일어남. ☑ 전두환은 군대를 동원하여 이를 폭력적으로 진압   ◀ 광주시 경계를 방어하고 있는 계엄군(왼쪽). 광주 시가지를 가득 메운 시위대(오른쪽)
의의	☑ 아시아 여러 나라가 민주화를 이루는 데 영향을 줌.

■ 6월 민주 항쟁(1987년)
- ☑ 배경: 전두환은 언론을 통제하고, 민주화를 요구하는 국민들을 탄압함.
- ☑ 과정: 국민들이 대통령 직선제 개헌(대통령을 국민이 직접 뽑는 방식으로 헌법을 고치는 것)과 민주화를 요구하며 전국에서 시위를 벌임.
- ☑ 결과: 대통령 직선제 등의 내용을 담은 6.29 민주화 선언 발표 ➡ 국민들은 대통령을 직접 뽑을 수 있게 됨. = 야호! 시민의 힘으로 민주주의를 확립했다!

■ 지방 자치 제도 실시(1990년대)
- ☑ 지역의 대표를 지역 주민이 직접 뽑는 지방 자치 제도가 본격적으로 실시됨.
- ☑ 우리나라에 풀뿌리 민주주의를 정착시키는 계기가 마련됨.

한국사 퀴즈

01 다음 빈칸에 들어갈 알맞은 말을 쓰세요.

1. ☐.☐☐ ☐☐ 은(는) 3.15 부정 선거에 항의하여 수많은 학생과 시민들이 벌인 대규모 시위로부터 시작되었다.
2. 6월 민주 항쟁의 결과, 대통령 직선제 등의 내용을 담은 ☐.☐☐ ☐ ☐☐☐ 이(가) 발표되었다.
3. 1990년대에는 지역 대표를 지역 주민이 직접 뽑는 ☐☐☐ 제도가 실시되었다.

02 알맞은 말을 골라 ○표 하세요.

1. 4.19 혁명 이후 (이승만 / 박정희)을(를) 중심으로 하는 일부 군인들이 국민 생활의 안정과 공산주의 반대를 주장하며 군대를 동원해 정권을 잡았다.
2. 박정희 정부는 대통령의 장기 집권이 가능해지고 정치적으로 막강한 권한이 대통령에게 집중되는 내용의 (유신 / 민주) 헌법을 선포하였다.
3. 5.18 민주화 운동은 (광주 / 부산)에서 일어났다.

03 다음 글의 빈칸에 알맞은 말을 쓰세요.

> 1987년 6월 10일 시민들은 전두환의 독재 타도와 함께 대통령 직접 선거를 요구하는 전국적인 시위를 벌였다. 그 결과 시민들의 요구가 받아들여져 대통령 직선제가 실시되었다. 이 사건을 ☐☐☐ ☐☐☐ (이)라고 한다.

06. 대한민국의 발전과 오늘의 우리

한국사능력검정시험 기출문제

01 다음 자료에 나타난 민주화 운동으로 옳은 것은? [2점]
초급 제20회 (40번)

1960년에 나는 서울에서 학교에 다니고 있었다. 어느 날 집으로 가는 길에 '3·15 부정 선거 무효'라고 외치는 시위대를 만났다. ……

① 부·마 항쟁 ② 4·19 혁명
③ 6월 민주 항쟁 ④ 5·18 민주화 항쟁

4.19 혁명은 3.15 부정 선거를 계기로 일어났어요.

02 다음 대화 내용 중 옳지 않은 답변을 한 학생은? [3점]
초급 제21회 (40번)

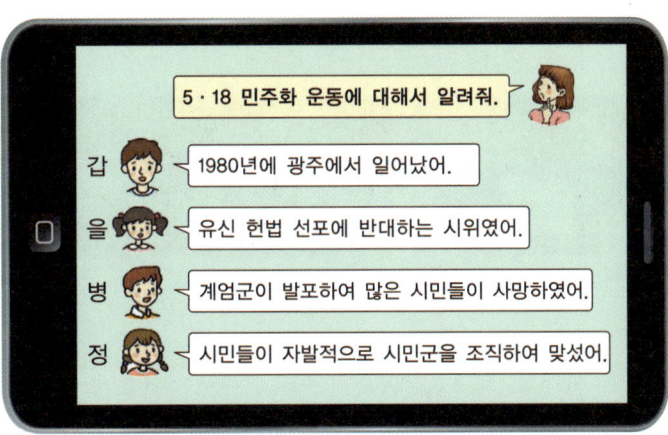

5·18 민주화 운동에 대해서 알려줘.
갑 - 1980년에 광주에서 일어났어.
을 - 유신 헌법 선포에 반대하는 시위였어.
병 - 계엄군이 발포하여 많은 시민들이 사망하였어.
정 - 시민들이 자발적으로 시민군을 조직하여 맞섰어.

① 갑 ② 을 ③ 병 ④ 정

유신 헌법은 박정희 정부가 발표한 것으로, 정치적으로 막강한 권한을 대통령에게 부여한 헌법이에요. 박정희 대통령이 피살되면서 유신 헌법에 따른 통치는 사실상 끝났어요. 이후 전두환을 중심으로 하는 신군부가 정변을 일으켜 정권을 장악하였어요.

1980년 5월 18일, 광주에서는 민주주의의 회복을 요구하는 대규모 시위가 일어났어요.

03 채희는 역사적 사건의 날짜로 비밀번호를 기억해 내려고 한다. 다음의 힌트를 통해 채희가 입력할 비밀번호를 찾으면? [3점]

초급 제7회 (31번)

✓ 비밀번호　　★★★★

✓ 비밀번호 힌트

> 1979년 박정희 대통령이 사망한 뒤에 민주주의에 대한 국민들의 열망은 식을 줄 모르고 불타 올랐다. 민주화를 요구하는 시민과 대학생들의 시위가 전국적으로 일어났고, 이는 1980년 ○○월 ○○일에 광주에서 일어난 민주화 운동으로 이어졌다.

① 0315　　② 0419　　③ 0518　　④ 1212

우리 사회는 4.19 혁명을 비롯한 민주화 운동이 계속되면서 민주주의가 정착되어 갔어요.

04 다음 사건들의 공통된 결과로 가장 적절한 것은? [2점]

초급 제11회 (38번)

　4.19 혁명　　　부마 항쟁　　　6월 민주 항쟁

① 민주주의가 발전하였다.
② 비상 계엄령이 선포되었다.
③ 국민 총소득이 증가하였다.
④ 여성의 정치 참여가 확대되었다.

05 (가)~(다)의 민주화 운동을 일어난 순서대로 옳게 나열한 것은? [3점]

(가)
5·18 민주화 운동

(나)
6월 민주 항쟁

(다)
4·19 혁명

① (가)-(나)-(다) ② (가)-(다)-(나)
③ (나)-(다)-(가) ④ (다)-(가)-(나)

> 4.19 혁명은 1960년, 5.18 민주화 운동은 1980년, 6월 민주 항쟁은 1987년에 일어났어요.

06 다음과 같은 결과를 가져온 사건으로 옳은 것은? [2점]

1987년 대통령을 국민의 손으로 직접 뽑아야 한다는 국민적 요구에 따라, 국민이 직접 대통령을 선출하는 선거가 실시되었다.

① 4·19혁명 ② 6월 민주 항쟁
③ 10월 유신 선포 ④ 3선 개헌 반대 운동

> 6월 민주 항쟁의 결과 6.29 민주화 선언이 발표되어 대통령 직선제 개헌이 이루어졌어요.

6 대한민국의 발전과 오늘의 우리

1960년대 이후 우리나라 경제 발전 모습은?

1 우리나라의 경제 발전

■ 경제 개발 5개년 계획 (박정희 정부)
- ☑ 1962년부터 5년 단위로 추진한 경제 계획
- ☑ 박정희 정부는 우리나라의 경제를 일으키기 위해 경제 개발 5개년 계획을 추진
- ☑ 서울 부산 간 고속도로 개통 (1970년)
- ☑ 포항 제철소와 같은 시설과 지하철, 대규모 아파트 등을 건설
- ☑ 값 싸고 질 좋은 노동력을 이용해 물건을 만듦.
- ☑ 수출 100억 달러 달성 (1977년)
- = 대한민국의 빠른 성장은 한강의 기적으로 불렸어.

■ 새마을 운동 (1970년대)
- ☑ 도시에 비해 낙후된 농촌을 발전시키려고 전개한 농촌 생활 개선 운동
- ☑ 근면, 자조, 협동의 정신을 바탕으로 시작
- ☑ 범국민적인 운동으로 전개
- ☑ 우리 농촌의 경제 상황이 많이 좋아졌음.

■ 1980년대 중반 이후
- ☑ 경제 발전으로 국민 소득이 늘어나면서 사람들의 생활 수준이 크게 향상됨.
- ☑ 외환 위기 (1997년) : 외국에 갚아야 할 돈이 부족해 경제 위기를 맞았으나, 정부, 기업 국민이 힘을 합해 노력한 끝에 위기를 극복함. = 정부는 IMF로부터 외환을 빌리고 국민들은 금 모으기 운동을 벌였어.
- ☑ 2007년에는 1인당 국민 소득이 2만 달러를 넘어섬. 무역 규모는 세계 10위권
- ☑ 현재는 반도체·자동차·전자 등 여러 산업 분야에서 첨단 기술 제품을 만들어 수출함.

(4) 경제 발전과 사회·문화의 변화

경제 발전은 우리 사회를 어떻게 변화시켰을까?

2. 우리 사회·문화의 변화

전통과 문화의 변화
- ✓ 경제가 발전함에 따라 물질적인 가치를 중요시하고 개성을 강조하면서 효와 경로사상이 약화됨.

생활 모습의 변화
- ✓ 세계화의 영향으로 외국의 음식·물건·제도 등이 많이 들어오면서 사람들의 생활 모습에도 변화가 생겨남.
- 예) 양복, 피자, 스파게티, 아파트 등

▲ 식생활의 변화

▲ 주생활의 변화

복지 사회로의 변화
- ✓ 정부는 국민이 저렴하게 병원, 약국을 이용할 수 있게 함.
- ✓ 육아 비용 지원, 보육 시설을 늘림, 중학교까지 의무 교육 실시

민주화의 진행
- ✓ 개인의 권익이 중시됨.
- ✓ 여성의 지위 향상

다문화 사회로의 변화
- ✓ 외국인 근로자들이 우리나라에 많이 들어오고 국제결혼이 늘어남.

새롭게 나타난 사회 문제는 무엇일까?

3. 여러 가지 사회 문제

우리 사회의 사회 문제
- ✓ 급속한 산업화와 도시화 ➡ 도시 문제, 농촌 문제, 환경 문제
- ✓ 아이를 적게 낳고 노인 인구의 비율이 높아짐. ➡ 저출산 고령화 문제
- ✓ 정보 통신 기술의 발달 ➡ 개인 정보 보호 문제

한국사 퀴즈

01 다음 빈칸에 들어갈 알맞은 말을 쓰세요.

1. 경제 개발 5개년 계획으로 우리나라가 눈부신 경제 발전을 이룬 것은 독일 라인 강의 기적에 견주어 '☐☐의 기적'으로 불린다.
2. 도시에 비해 낙후된 농촌을 발전시키기 위해 1970년대에 실시한 운동을 ☐☐☐☐(이)라고 한다.
3. 우리나라에 외국인 근로자들이 많이 들어오고 국제결혼이 늘어나면서 우리 사회는 ☐☐☐ 사회로 접어들고 있다.

02 알맞은 말을 골라 ○표 하세요.

1. 1997년에 우리나라는 (외환 위기 / 석유 파동)을(를) 맞았으나 정부, 기업, 국민이 힘을 합쳐 경제 위기를 극복했다.
2. 오늘날 많은 사람이 도시에 살게 되면서 (아파트 / 전원 주택)은(는) 우리나라의 대표적인 주거 형태가 되었다.
3. 오늘날 (의료 / 정보 통신) 기술의 발달로 평균 수명이 연장되었다.

03 다음 사진을 보고 빈칸에 들어갈 알맞은 말을 쓰세요.

우리나라는 1988년에 서울 ☐☐☐ 대회를 유치하면서 우리나라를 전 세계에 널리 알렸다.

한국사능력검정시험 기출문제

01 다음 우표가 발행된 시기를 연표에서 옳게 고른 것은? [3점]

초급
제30회
(39번)

① (가) ② (나) ③ (다) ④ (라)

02 다음 정책이 시행되었던 시기에 대한 설명으로 옳지 <u>않은</u> 것은? [3점]

초급
제15회
(39번)

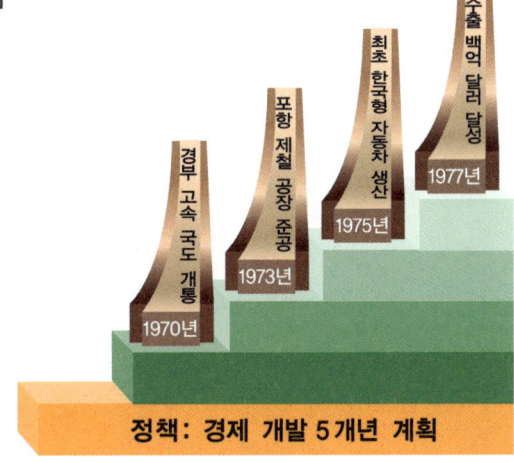

① 도시화가 촉진되었다.
② 개성 공단이 건설되었다.
③ 국민 소득이 증가하였다.
④ 중화학 공업이 발달하였다.

173

1997년 외환 위기를 극복하기 위하여 국민들은 금 모으기 운동에 참여하였어요.

03 (가)에 들어갈 내용으로 옳은 것은? [3점]

초급 제18회 (40번)

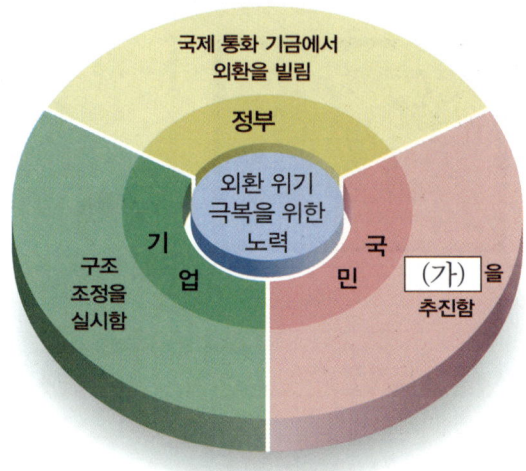

① 새마을 운동 ② 국채 보상 운동
③ 애국 계몽 운동 ④ 금 모으기 운동

박정희 정부는 도시에 비해 낙후된 농촌을 발전시키기 위해 새마을 운동을 추진하여 농촌 생활을 개선하고자 하였어요.

04 다음 그림에 나타난 운동에 대한 설명으로 옳은 것은? [3점]

초급 제21회 (39번)

① 남북 경제 협력을 위해 실시되었다.
② 외환 위기를 극복하려는 노력이었다.
③ 농가 소득을 높이기 위해 추진되었다.
④ 전쟁의 폐해를 복구하기 위해 시작되었다.

05 보고서의 (가)에 들어갈 국제 대회의 명칭은? [2점]

초급
제11회
(37번)

```
        (가)
• 회차 : 제24회
• 기간 : 9월 17일(토) ~ 10월 2일(일)
• 참가국 : 159개국
• 의의 : 우리나라의 기상과 국력을 전세계에 과시
```

종합 순위	
1	소련
2	동독
3	미국
4	대한민국

① 86 아시안 게임　　② 88 서울 올림픽
③ 2000 국제 수학 올림피아드　　④ 2002 한·일 월드컵

1988년에 우리나라는 서울 올림픽 대회를 개최하여 우리나라를 전 세계에 널리 알렸어요.

06 (가)~(다)를 일어난 순서대로 옳게 나열한 것은? [3점]

초급
제24회
(38번)

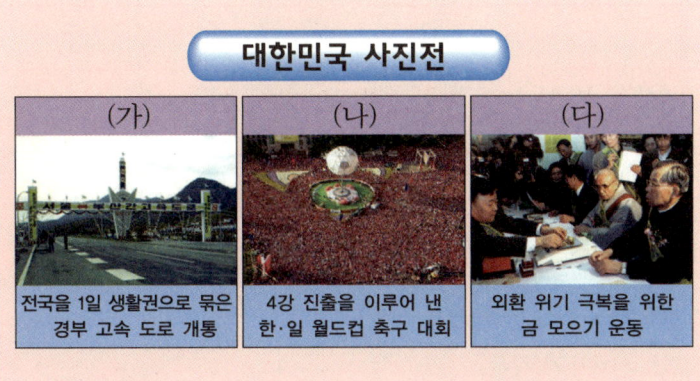

대한민국 사진전

(가) 전국을 1일 생활권으로 묶은 경부 고속 도로 개통
(나) 4강 진출을 이루어 낸 한·일 월드컵 축구 대회
(다) 외환 위기 극복을 위한 금 모으기 운동

① (가)-(나)-(다)　　② (가)-(다)-(나)
③ (나)-(다)-(가)　　④ (다)-(가)-(나)

서울 부산 간 고속 도로 개통은 1970년, 외환 위기는 1997년, 한·일 월드컵 축구 대회는 2002년의 일이에요.

6 대한민국의 발전과 오늘의 우리

✱✱ 평화 통일을 위해서 우리가 해야 할 일은?

1 북한 사회의 모습

■ 북한 사회의 모습
- ☑ 국가가 모든 경제 계획을 수립하고 사유 재산을 인정하지 않는 사회주의 경제 체제
- ☑ 사회주의 국가들의 붕괴와 경제 사정의 악화로 어려움에 빠짐.
- ☑ 에너지 및 물자 부족, 식량 부족 등으로 어려움을 겪음.
- = 북한은 지금 경제적 위기로 심각한 어려움에 빠져 있어.

■ 분단으로 인한 문제
- ☑ 전쟁에 대한 공포
- ☑ 이산가족 문제
- ☑ 군사비 지출 증가
- ☑ 언어의 차이
- = 빨리 통일이 되어야 해~.

■ 남북한의 관계 변화
- ☑ 6.25 전쟁 이후: 대립과 갈등으로 대화를 하지 않음.
- ☑ 1970년대: 화해와 교류의 움직임이 나타남. → 7.4 남북 공동 성명 발표
- ☑ 1991년: 남북 기본 합의서 채택, 남북한 유엔 동시 가입
- ☑ 2000년, 2007년: 남북한 정상이 만나 통일 문제, 경제 협력, 이산가족 상봉 등에 대해 논의
- = 2000년의 제1차 정상 회담을 통해 6.15 공동 선언 발표. 정말 의미 있는 일이었지.

■ 오늘날의 남북 관계
- ☑ 시드니 올림픽 대회 남북한 선수단 동시 입장 = 화해와 협력!
- ☑ 북한의 장거리 미사일 발사 실험 = 긴장과 갈등
- ☑ 북한의 연평도 포격 사건 = 긴장과 갈등
- = 남북한은 신뢰를 바탕으로 서로의 차이를 좁혀 나가고, 함께 통일을 위한 준비를 해야 해!

(5) 대한민국의 미래와 평화 통일

보다 나은 미래를 위해서 해야 할 일은?

1. 미래의 대한민국

- **세계 속 대한민국의 위상**
  - ☑ 정보 통신 및 과학 기술, 스포츠, 예술 등의 분야에서 세계가 주목할 만한 성과를 내고 있음.
  - ☑ 우리나라의 드라마와 대중가요는 세계적인 열풍을 일으킴. = 한류! K-POP!
  - ☑ 많은 사람들이 해외에서 나눔과 봉사 실천

- **보다 나은 미래를 위해 해결해야 할 과제**
  - ☑ 국민의 복지를 향상시켜 모두가 인간다운 생활을 하는 것
  - ☑ 국민이 인권을 존중받고, 공정한 대우를 받는 것
  - ☑ 질병이나 사고 등 각종 재난에 대비해 안전하게 살아가는 것
  - ☑ 우리의 역사와 문화를 창조적으로 계승하고 발전시켜 나가는 것

- **우리가 지녀야 할 자세**
  - ☑ 다른 사람을 존중하고 배려하면서 자신에게 주어진 책임과 의무 다하기
  - ☑ 세계화에 앞장서면서 문화의 다양성 존중하기
  - ☑ 개인과 국가의 발전을 위해 노력하기

- **주변 나라의 역사 문제에 대해 우리가 지녀야 할 태도**
  - ☑ 일본의 역사 왜곡: 독도를 일본의 영토라고 주장
    = 독도는 역사적, 지리적, 국제법적으로 명백한 우리의 영토야.
  - ☑ 중국의 역사 왜곡: 고조선, 부여, 고구려, 발해의 역사를 중국에 역사에 포함시키려 함.
  - ☑ 한국, 중국, 일본은 상호 이해와 협력을 통하여 올바른 역사의식을 갖도록 노력해야 함.

한국사 퀴즈

01 다음 빈칸에 들어갈 알맞은 말을 쓰세요.

1. 제1차 남북 정상 회담을 통해 ☐☐ 문제를 논의하였다.
2. 남북한의 언어의 차이, 이산가족 문제, 전쟁에 대한 공포 등은 모두 한반도의 ☐☐ 으로 생겨난 문제이다.
3. 1990년대 말부터 중국, 일본, 동남아시아에서부터 시작하여 유럽, 미국 등으로 퍼진 우리나라 대중문화의 유행을 일컫는 말을 ☐☐ (이)라고 한다.

02 알맞은 말을 골라 ○표 하세요.

1. 북한은 국가가 모든 경제 계획을 세우고 사유 재산을 인정하지 않는 (**사회주의** / **자본주의**) 경제 체제를 유지하고 있다.
2. 남북한은 6.25전쟁 이후 대립과 갈등으로 대화를 하지 않았지만 (**1960년** / **1970년**)대부터 화해와 교류의 움직임이 나타나기 시작했다.
3. 남북한은 (**자본** / **신뢰**)을(를) 바탕으로 서로의 차이를 좁혀 나가고, 통일을 위한 준비를 해야 한다.

03 다음은 보다 나은 미래의 대한민국을 위해 해야 할 일입니다. 빈칸에 들어갈 알맞은 말을 쓰세요.

- 국민의 ㉠☐☐ 을(를) 향상시켜 모두가 인간다운 생활을 하는 것
- 국민이 ㉡☐☐ 을(를) 존중받고, 공정한 대우를 받는 것
- 질병이나 사고 등 각종 재난에 대비해 ㉢☐☐ 하게 살아가는 것

06. 대한민국의 발전과 오늘의 우리

한국사능력검정시험 기출 및 예상문제

01 (가)에 들어갈 내용으로 옳은 것은? [2점]

초급
제31회
(39번)

1991년 12월에 남한과 북한의 대표자들이 만나 남북 화해, 남북 교류 및 협력 등을 합의한 남북 기본 합의서를 채택하였어요.

① 6·23 평화 통일 선언
② 6·15 남북 공동 선언
③ 남북 기본 합의서 채택
④ 제1차 남북 적십자 회담 개최

02 (가)에 들어갈 내용으로 옳은 것은? [2점]

초급
제26회
(40번)

2000년에는 김대중 대통령이 평양을 방문하여 김정일 국방 위원장과 남북 정상 회담을 가지고 6.15 남북 공동 선언을 발표하였어요.

① 남북 기본 합의서 채택
② 6·15 남북 공동 선언 발표
③ 제1차 남북 적십자 회담 개최
④ 남북 이산가족 고향 방문단 최초 상봉

2000년에 남북한의 정상이 만나 통일 문제, 경제 협력, 이산가족 상봉 등에 대해 논의 하였어요.

03 다음 자료에서 나타난 시기를 연표에서 옳게 고른 것은? [2점]

초급
제25회
(40번)

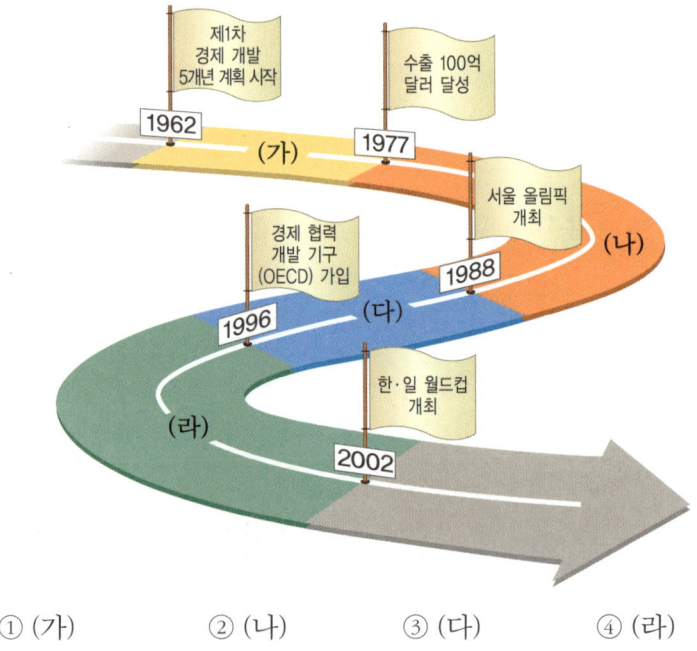

역사 신문

제△△호 　　　　　　　　　○○○○년 ○○월 ○○일

남북 화해·협력의 새 시대를 열다

남과 북의 두 정상은 분단 55년 만에 평양에서 첫 남북 정상 회담을 가졌다. 정부 당국자는 두 정상이 직접 만나서 통일 문제를 자주적으로 해결하기 위한 공동 선언을 발표했다는 점에서 큰 의미가 있다고 밝혔다.

- 1962 제1차 경제 개발 5개년 계획 시작
- 1977 수출 100억 달러 달성
- 1988 서울 올림픽 개최
- 1996 경제 협력 개발 기구(OECD) 가입
- 2002 한·일 월드컵 개최

① (가)　② (나)　③ (다)　④ (라)

남북한은 통일을 위한 화해와 협력을 지속하고 있어요. 세계 선수권 대회 남북 탁구 단일팀 출전(1991년), 시드니 올림픽 남북한 선수단 공동 입장(2000년) 등을 통해 스포츠 분야에서도 남북한의 교류를 추진하고 있어요.

04 남북한이 화해와 협력을 위하여 노력한 일로 옳은 것은?

예상
문제

① 북한의 핵 개발
② 북한의 연평도 포격 사건
③ 북한의 장거리 미사일 발사 실험
④ 시드니 올림픽 대회 남북한 선수단 동시 입장

180 　06. 대한민국의 발전과 오늘의 우리

05 우리나라가 세계에서 인정받고 있는 모습으로 옳지 <u>않은</u> 것은?

① 우리나라는 석유 자원이 풍부해 다른 나라에 수출한다.
② 해외 봉사 활동을 통해 다른 나라의 어렵고 병든 사람을 돕고 있다.
③ 정보 통신 및 과학 기술 분야에서 세계가 주목할 만한 성과를 내고 있다.
④ 우리나라의 드라마와 대중 가요가 세계적인 열풍을 불러일으키고 있다.

우리나라는 대부분의 석유를 수입해오고 있어요.

06 다음 표의 ㉠과 ㉡에 들어갈 나라를 옳게 짝지은 것은?

㉠	• 독도를 자기 나라 영토라고 주장 • 교과서에서 한국의 역사를 왜곡하고 독도를 자기 나라의 영토로 포함시키고 있음.
㉡	• 고조선, 부여, 고구려, 발해의 역사를 자국의 역사에 포함시킴. • 고조선, 부여, 고구려, 발해의 유적을 자기 나라를 중심으로 설명함.

① ㉠ 중국, ㉡ 일본
② ㉠ 일본, ㉡ 중국
③ ㉠ 중국, ㉡ 미국
④ ㉠ 일본, ㉡ 미국

일본은 독도를 자국의 영토라고 주장하고 있으며, 중국은 고조선, 고구려, 발해의 역사를 중국 지방 정권의 하나로 인식하여 중국사로 편입하려 하고 있어요.

정답 및 해설

1. 우리 역사의 시작과 발전

(1) 선사 시대의 생활 모습

| 한국사퀴즈 |
01. (1) 뗀석기 (2) 움집 (3) 간석기
02. (1) 선사 (2) 신석기 (3) 신석기
03. ㉠ 돌보습 ㉡ 빗살무늬 토기

01. 구석기 시대는 돌을 깨뜨려 만드는 뗀석기, 신석기 시대는 돌을 갈아 만드는 간석기를 사용하였습니다.
02. 인류의 역사는 기록이 남아 있는가를 기준으로 선사 시대와 역사 시대로 구분됩니다.
03. 빗살무늬 토기는 신석기 시대를 대표하는 토기입니다.

| 한국사능력검정시험 기출문제 |
1. ③ 2. ② 3. ④ 4. ③ 5. ① 6. ①

(2) 최초의 국가 고조선

| 한국사퀴즈 |
01. (1) 고조선 (2) 청동기 (3) 반달 돌칼
02. (1) 고인돌 (2) 민무늬 (3) 단군왕검
03. (1) 비파형 동검 (2) 거친무늬 청동 거울

01. 청동기 시대에도 농기구는 석기를 많이 사용했는데, 대표적인 것이 반달 돌칼입니다.
02. 고조선은 제사와 정치가 합쳐진 사회로, 지도자는 단군왕검이었습니다.

| 한국사능력검정시험 기출문제 |
1. ② 2. ③ 3. ② 4. ① 5. ③ 6. ②

(3) 고구려, 백제, 신라의 건국과 발전

| 한국사퀴즈 |
01. (1) 삼국 (2) 세금 (3) 가야
02. (1) 철기 문화 (2) 백제 (3) 한강
03. 진흥

01. 고조선 멸망 이후 한반도에는 고구려, 백제, 신라의 삼국이 중심이 된 삼국 시대가 열립니다.
02. 고조선은 청동기 문화, 삼국은 발달된 철기 문화를 바탕으로 세워졌습니다.
03. 신라의 진흥왕은 영토를 함경도 지방까지 넓히고, 화랑도를 만들어 청년들을 나라의 일꾼으로 길러냈습니다.

| 한국사능력검정시험 기출문제 |
1. ④ 2. ① 3. ① 4. ③ 5. ③ 6. ④

(4) 삼국 통일과 발해의 건국 ①

| 한국사퀴즈 |
01. (1) 을지문덕 (2) 당 (3) 고구려
02. (1) 문무왕 (2) 백제 (3) 해동성국
03. 고구려

01. 고구려는 살수 대첩에서 수를, 안시성 싸움에서 당을 물리치며 우리 민족을 지켜냈습니다.
02. 태종 무열왕은 백제를 멸망시켰고, 그의 아들 문무왕은 고구려를 멸망시켜 삼국 통일을 이루었습니다.
03. 발해의 고왕은 고구려 유민들과 말갈족을 모아 새로운 나라를 세웠습니다.

| 한국사능력검정시험 기출문제 |
1. ③ 2. ② 3. ② 4. ② 5. ① 6. ④

(5) 삼국 통일과 발해의 건국 ②

| 한국사퀴즈 |
01. (1) 불교 (2) 원효 (3) 무구 정광 대다라니경
02. (1) 불교 (2) 금성 (3) 고구려
03. (가)-㉡, (나)-㉠, (다)-㉢

01. 통일 신라는 불교를 바탕으로 화려한 문화를 꽃피웠으며, 원효와 의상 등 유명한 승려가 활동하기도 했습니다.
02. 발해는 고구려의 문화를 계승했기 때문에 문화에서도 고구려의 영향을 강하게 받았습니다.

| 한국사능력검정시험 기출문제 |
1. ① 2. ① 3. ③ 4. ③ 5. ② 6. ①

2. 세계와 활발하게 교류한 고려

(1) 후삼국 통일

| 한국사퀴즈 |
01. (1) 후삼국 (2) 호족 (3) 고려
02. (1) 과거제 (2) 발해 (3) 훈요 10조

03. 노비안검법

01. 신라의 힘이 약해지자 지방 세력들이 성장해 후삼국 시대가 열렸습니다.
02. 후삼국의 혼란기를 통일한 나라는 왕건이 세운 고려였습니다.
03. 호족의 힘을 누르고 왕권을 강화하기 위해 광종은 노비안검법과 과거제를 실시했습니다.

| 한국사능력검정시험 기출문제 |
1. ② 2. ④ 3. ① 4. ④ 5. ① 6. ③

(2) 세계속의 고려

| 한국사퀴즈 |
01. (1) 거란 (2) 금 (3) 벽란도
02. (1) 송 (2) 화폐 (3) 아라비아
03. (가): 송 (나): 요(거란) (다): 금(여진)

01. 고려는 거란, 여진, 몽골의 침입을 물리쳤습니다.
02. 고려는 개방적인 나라로 송을 비롯해 왜, 거란, 여진, 아라비아까지 교류하였습니다.
03. 황해를 건너 마주 보고 있는 나라는 송, 고려 북쪽에서 동해 쪽으로 있는 나라는 여진, 그 사이에 있는 나라는 거란입니다.

| 한국사능력검정시험 기출문제 |
1. ① 2. ④ 3. ④ 4. ① 5. ② 6. ①

(3) 북방 민족의 침입과 극복

| 한국사퀴즈 |
01. (1) 서희 (2) 강동 6주 (3) 강감찬
02. (1) 별무반 (2) 삼별초 (3) 공민왕
03. 김윤후

01. 거란의 침입 때는 서희와 양규, 강감찬 장군이 활약해 결국 고려를 지켜냈습니다.
02. 여진의 침입에 대비하기 위해 윤관은 여진족을 물리치고 국경 지역에 동북 9성을 쌓았습니다.
03. 승려 출신이었던 김윤후는 몽골의 침입에 맞서 용감하게 싸웠습니다.

| 한국사능력검정시험 기출문제 |
1. ③ 2. ① 3. ③ 4. ④ 5. ② 6. ③

(4) 고려 문화의 발전

| 한국사퀴즈 |
01. (1) 팔관회 (2) 절 (3) 나전 칠기
02. (1) 직지심체요절 (2) 대장경판 (3) 왜구
03. 목화

01. 고려 시대에는 팔관회와 연등회 등과 같은 전 민족적인 축제가 열렸습니다.
02. 고려 시대에는 세계 최초로 금속 활자가 발명되어 직지심체요절과 같은 책이 인쇄되었습니다.
03. 고려 말에는 문익점이 중국에서 목화씨를 가져오면서 의생활에 큰 변화가 일어났습니다.

| 한국사능력검정시험 기출문제 |
1. ④ 2. ② 3. ③ 4. ② 5. ④ 6. ②

3. 유교 문화가 발달한 조선

(1) 조선의 건국

| 한국사퀴즈 |
01. (1) 신진 사대부 (2) 위화도 회군 (3) 조선
02. (1) 권문세족 (2) 한양 (3) 호패
03. (1) 서당 (2) 향교 (3) 성균관

01. 고려 말, 사회가 혼란해지자 성리학자들이 나서서 개혁을 주장했습니다.
02. 조선을 세운 이성계는 도읍을 한양으로 옮겼고, 태종은 호패법을 실시해 왕권을 강화했습니다.
03. 조선에서는 서당에서 기초적인 한자 교육을 했고, 성균관에서 높은 수준의 유학을 가르쳤습니다.

| 한국사능력검정시험 기출문제 |
1. ② 2. ① 3. ④ 4. ① 5. ① 6. ②

(2) 조선의 문화와 과학의 발전

| 한국사퀴즈 |
01. (1) 사대교린 (2) 명 (3) 4군 6진
02. (1) 집현전 (2) 훈민정음 (3) 농사직설
03. (1) ㉢ (2) ㉡ (3) ㉣ (4) ㉠

01. 조선의 외교는 사대교린이 원칙이었습니다.
02. 세종은 집현전에서 훌륭한 학자를 키워냈고, 훈민정음을 반포해 백성들도 문자 생활을 할 수 있게 하였습니다.

| 한국사능력검정시험 기출문제 |
1. ② 2. ② 3. ④ 4. ④ 5. ② 6. ①

(3) 유교의 전통과 생활

| 한국사퀴즈 |
01. (1) 유교 (2) 경국대전 (3) 삼강행실도
02. (1) 양천제 (2) 노비 (3) 강강술래
03. (1) 관례 (2) 혼례 (3) 상례 (4) 제례

01. 『경국대전』은 실생활에까지 적용된 조선 최고의 법률입니다.
02. 조선의 신분제는 양인과 천인으로 구성되는 양천제가 기본이 되었습니다. 이후 양인은 양반과 중인, 상민으로 나뉘었습니다.

| 한국사능력검정시험 기출문제 |
1. ① 2. ④ 3. ④ 4. ④ 5. ④ 6. ②

(4) 임진왜란과 병자호란

| 한국사퀴즈 |
01. (1) 임진왜란 (2) 의병 (3) 광해군
02. (1) 의병 (2) 병자호란 (3) 신하와 임금
03. ㉠ 옥포 해전 ㉡ 한산도 대첩

01. 오랫동안 평화를 누리던 조선은 임진왜란으로 큰 혼란을 겪게 되었습니다.
02. 청의 침입으로 일어난 병자호란 이후 조선과 청은 군신 관계를 맺게 되었습니다.
03. 임진왜란 당시 이순신의 활약으로 곡창 지대인 전라도를 지켜낼 수 있었습니다.

| 한국사능력검정시험 기출문제 |
1. ② 2. ① 3. ④ 4. ① 5. ④ 6. ②

4. 조선 사회의 새로운 움직임

(1) 전란의 극복

| 한국사퀴즈 |
01. (1) 임진왜란 (2) 대동법 (3) 통신사
02. (1) 동의보감 (2) 북벌론 (3) 효종
03. 독도

01. 임진왜란 이후 왕위에 오른 광해군은 전란을 수습하였으며 대동법을 실시하였습니다.
02. 병자호란 이후, 청을 혼내주자는 북벌론이 등장하였습니다.

| 한국사능력검정시험 기출문제 |
1. ② 2. ② 3. ② 4. ④ 5. ① 6. ②

(2) 새로운 문물을 받아들인 조선

| 한국사퀴즈 |
01. (1) 실학 (2) 규장각 (3) 탕평책
02. (1) 수원 화성 (2) 정약용 (3) 천주교
03. 거중기

01. 조선 후기에는 이론에만 치우친 성리학을 비판하며 실학이 등장하였습니다.
02. 조선 후기에 문화 부흥을 일으킨 정조 시대에는 정약용이 활약하였고, 천주교가 서서히 퍼지기 시작했습니다.
03. 수원 화성을 지을 때는 정약용이 고안한 거중기가 이용되었습니다.

| 한국사능력검정시험 기출문제 |
1. ② 2. ② 3. ④ 4. ④ 5. ④ 6. ③

(3) 서민 문화의 발달

| 한국사퀴즈 |
01. (1) 서민 (2) 풍속화 (3) 민화
02. (1) 청화 백자 (2) 판소리 (3) 옹기
03. (1) 김홍도 (2) 신윤복

01. 조선 후기에는 풍속화, 민화, 판소리 등 서민들을 위한 문화가 발달하였습니다.
03. 김홍도는 서민들의 생활을, 신윤복은 여성들의 생활을 그림으로 그렸습니다.

| 한국사능력검정시험 기출문제 |
1. ③ 2. ② 3. ① 4. ④ 5. ② 6. ③

(4) 조선 시대 여성의 삶

| 한국사퀴즈 |
01. (1) 유교 (2) 시집살이 (3) 허난설헌

02. (1) 상민 (2) 신사임당 (3) 김만덕
03. 신사임당

01. 조선 후기에 들어서면서 성리학적 신분 질서가 자리를 잡으면서 여성 차별이 심해졌습니다.
02. 허난설헌은 뛰어난 능력을 갖고 있었지만 성리학 사회에서 꽃을 피우기 힘들었습니다.
03. 신사임당은 아들 이이를 훌륭하게 키웠고, 아름다운 그림 작품도 남겼습니다.

| 한국사능력검정시험 기출문제 |
1. (1)-ⓒ, (2)-㉠, (3)-ⓒ 2. ① 3. (1) 양반, (2) 상민, (3) 천민 4. ③ 5. ① 6. 허균, 조선 시대, 『난설헌집』

(5) 조선을 뒤덮은 농민의 함성

| 한국사퀴즈 |
01. (1) 세도 (2) 환곡 (3) 홍경래
02. (1) 관리들의 부정부패 (2) 최제우 (3) 진주 농민 봉기
03. ㉠ 홍경래의 난 ㉡ 진주 농민 봉기

01. 조선 후기에는 어린 왕들이 등장하면서 외척이 권력을 장악하는 세도 정치가 이루어졌습니다.
02. 세도 정치 시기에는 세도가들의 부정부패가 심해 백성의 삶이 힘들었습니다.
03. 세도 정치 시기에는 홍경래의 난, 진주 농민 봉기를 비롯한 수많은 농민 반란이 일어났습니다.

| 한국사능력검정시험 기출문제 |
1. ⓒ, ⓒ, ⓔ 2. ③ 3. ① 4. ① 5. ① 6. ④

5. 근대 국가 수립을 위한 노력과 민족 운동

(1) 조선의 개항

| 한국사퀴즈 |
01. (1) 흥선 대원군 (2) 임오군란 (3) 강화도
02. (1) 외규장각 (2) 전봉준 (3) 청일
03. 갑신정변

01. 흥선 대원군은 외국과의 통상 교류를 반대하였습니다.
02. 동학 농민 운동에 앞장섰다 죽음을 맞은 사람은 전봉준입니다.
03. 임오군란 이후 청의 간섭이 심해지자 근대화를 바라던 개화파는 갑신정변을 일으켰습니다.

| 한국사능력검정시험 기출문제 |
1. ③ 2. ② 3. ④ 4. ③ 5. ① 6. ④

(2) 자주독립 국가의 선포

| 한국사퀴즈 |
01. (1) 갑오개혁 (2) 을미사변 (3) 대한 제국
02. (1) 독립문 (2) 독립신문 (3) 전화
03. 광혜원

01. 일제는 러시아를 끌어들인 사람이 명성 황후라 생각했고, 을미사변을 일으켜 명성 황후를 시해하였습니다.
02. 서재필은 독립 협회를 세우고 독립신문을 창간하였습니다.

| 한국사능력검정시험 기출문제 |
1. ② 2. ③ 3. ④ 4. ③ 5. ② 6. ④

(3) 나라를 지키기 위한 노력

| 한국사퀴즈 |
01. (1) 러일 (2) 을사늑약 (3) 국채 보상
02. (1) 민영환 (2) 안중근 (3) 신민회
03. 헤이그 특사

01. 일본은 러시아 세력을 물리치기 위해 러일 전쟁을 일으켰습니다.
02. 을사늑약에 반대해 민영환은 자결하였고, 안중근은 이토 히로부미를 사살하였습니다.
03. 고종은 을사늑약의 부당성을 알리기 위해 헤이그에 특사를 파견하였습니다.

| 한국사능력검정시험 기출문제 |
1. ③ 2. ① 3. ④ 4. ③ 5. ① 6. ②

(4) 나라를 되찾기 위한 노력

| 한국사퀴즈 |
01. (1) 조선 총독부 (2) 3.1 (3) 대한민국 임시 정부
02. (1) 한국사 (2) 한인 애국단 (3) 물산 장려 운동
03. ㉠ 봉오동 ㉡ 청산리

01. 한일 병합 이후 일제는 조선에 조선 총독부를 세우고, 무단 통치를 실시하였습니다.

02. 김구는 한인 애국단을, 김원봉은 의열단을 조직해 수많은 의거를 일으키며 일제에 저항하였습니다.
03. 우리 민족은 꾸준한 무장 독립 전쟁을 벌였는데, 이 중 대표적인 전투가 봉오동 전투와 청산리 대첩입니다.

| 한국사능력검정시험 기출문제 |
1. ④ 2. ② 3. ② 4. ② 5. ② 6. ①

01. 3.15 부정 선거에 분노한 사람들은 4.19 혁명을 일으켜 이승만 대통령의 독재 정치를 막아냈습니다.
02. 박정희 대통령은 계속 정권을 잡고자 하는 마음에 유신 헌법을 발표하여 이를 정당화하였습니다.
03. 6월 민주 항쟁으로 대통령 직선제를 획득할 수 있었습니다.

| 한국사능력검정시험 기출문제 |
1. ② 2. ③ 3. ③ 4. ① 5. ④ 6. ②

6. 대한민국의 발전과 오늘의 우리

(1) 8.15 광복과 대한민국 수립

| 한국사퀴즈 |
01. (1) 1945. 8. 15 (2) 38 (3) 대한민국
02. (1) 여운형 (2) 신탁 (3) 국회 의원
03. 제헌

01. 우리나라는 광복 후 38도선을 기준으로 남에는 미군, 북에는 소련군이 주둔하게 되었습니다.
02. 여운형은 국내에서 활동하던 민족 지도자로, 조선 건국 준비 위원회를 만들어 활동하였습니다.

| 한국사능력검정시험 기출문제 |
1. ① 2. ① 3. ④ 4. ① 5. ② 6. ④

(2) 민족의 상처, 6.25 전쟁

| 한국사퀴즈 |
01. (1) 국제 연합군 (2) 휴전
02. (1) 중국군 (2) 인천 (3) 이산가족
03. 38도선

01. 우리 민족은 1950년 6월 25일, 북한군의 침략으로 민족 간에 전쟁이 일어났습니다.
02. 인천 상륙 작전에 성공해 연합군과 국군은 서울을 되찾고 북으로 진격하였습니다.

| 한국사능력검정시험 기출문제 |
1. ③ 2. ① 3. ④ 4. ① 5. ① 6. ④

(3) 자유 민주주의의 시련과 발전

| 한국사퀴즈 |
01. (1) 4.19 혁명 (2) 6.29 민주화 선언 (3) 지방 자치
02. (1) 박정희 (2) 유신 (3) 광주
03. 6월 민주 항쟁

(4) 경제 발전과 사회·문화의 변화

| 한국사퀴즈 |
01. (1) 한강 (2) 새마을 운동 (3) 다문화
02. (1) 외환 위기 (2) 아파트 (3) 의료
03. 올림픽

01. 박정희 대통령은 경제 개발 5개년 계획을 연달아 성공시키며 한강의 기적을 이루어 냈습니다.
02. 박정희 대통령은 새마을 운동을 일으켜 농촌 환경을 개선하였습니다.

| 한국사능력검정시험 기출문제 |
1. ③ 2. ② 3. ④ 4. ③ 5. ② 6. ②

(5) 대한민국의 미래와 평화 통일

| 한국사퀴즈 |
01. (1) 통일 (2) 분단 (3) 한류
02. (1) 사회주의 (2) 1970년 (3) 신뢰
03. ㉠복지 ㉡권익 ㉢안전

01. 우리나라는 북한과의 관계 개선을 위해 6.15 남북 공동 선언을 발표하는 등 많은 노력을 하였습니다.

| 한국사능력검정시험 기출문제 |
1. ③ 2. ② 3. ④ 4. ④ 5. ① 6. ②

한국사. 더 쉽고, 재밌고, 생생하게!
생방송 한국사 시리즈

총 10권

〈생방송 한국사〉에서 생생한 뉴스로 전해드립니다.

시대별 8권
선사 시대·고조선 | 삼국·가야 | 남북국 시대 | 고려
조선 전기 | 조선 후기 | 근대 | 근대·현대

종합편 2권
핵심 용어 편 (571개 용어)
기출 문제 편 (한국사능력검정시험 대비 문제 수록)

한국사 대표 강사 고종훈!!

**수능 한국사 강의 1인자 고종훈 선생님과 함께!
〈생방송 한국사〉로 한국사 완전 정복!!**

- 수능 한국사 강의 독보적 1인자!
- 메가스터디 13년, 누적 유료 수강생 70만 명 돌파!
- 9년 연속 유료 수강생 1위!
- 한국사능력검정시험 고급 합격자 최다 배출!
- 〈생방송 한국사〉 시리즈 감수 및 동영상 강의

1 역사 인물의 이야기를 통해 역사를 쉽고 재미있게 이해해요.

2 다양한 방송 프로그램 형식으로 시대와 사건의 배경을 알아봐요.

3 고종훈 선생님의 동영상 강의로 다시 한번 개념을 정리해요.

4 용어 편, 문제 편으로 한국사능력검정시험까지 완벽하게 준비해요.

한국사 완전 정복

아울북

생방송 한국사 시리즈는 이런 내용으로 구성되어 있어요.

01 선사 시대, 고조선

우리 역사의 시작! 한반도에는 사람들이 언제부터 살기 시작했을까?

02 삼국 시대, 가야

고구려, 백제, 신라의 물러날 수 없는 대결! 그리고 홀로 고고히 풍요를 누리던 가야의 이야기

03 남북국 시대

천년 왕국 신라의 시작과 끝! 신라의 저력과, 광활한 영토를 차지했던 발해의 모습

04 고려

드높은 고려의 자긍심! 수많은 외적의 침략을 물리치고 나라를 지켜낸 고려의 이야기

05 조선 전기

유교의 나라, 백성의 나라. 드디어 조선이 시작됐다!

06 조선 후기

조선의 위기! 임진왜란 이후 조선의 운명이 달라지기 시작했다.

07 근대

일본과 서양 열강이 조선을 노린다! 어떻게든 조선을 지키고자 했던 우리의 슬픈 역사

08 근대, 현대

지금의 대한민국이 있기까지! 우리의 민주주의의 모습

09 핵심 용어 편
역사적 흐름 속에서 이해할 수 있도록 구성된 571개의 용어 정리

10 기출 문제 편
개념 정리부터 한국사능력검정 시험 문제까지 총정리